# Memoirs of Mehdi Hairi-Yazdi

Harvard Iranian Oral History Series

IX

# Memoirs of
# Mehdi Hairi-Yazdi

*Theologian and Professor of Islamic Philosophy*

Editor

## Habib Ladjevardi

PUBLISHED BY THE
CENTER FOR MIDDLE EASTERN STUDIES
OF HARVARD UNIVERSITY
AND DISTRIBUTED BY IBEX (IRANBOOKS,) INC.
P.O. BOX 30087
BETHESDA, MD 20824 USA
TELEPHONE: 301–718–8188
FAX: 301–907–8707

INTERNET:
HARVARD: http://www.fas.harvard.edu/~mideast/iohp/index.html
IBEX: http://www.ibexpub.com/ibexiohp.html

# CONTENTS

*Page numbers refer to the Persian text*

## Appendixes

## Biography of Mehdi Hairi-Yazdi
## (1923-1999)

Dr. Mehdi Hairi-Yazdi grew up in a pious family that was at the pinnacle of the religious hierarchy in Iran, enabling him to become intimately acquainted with Iran's leading clergy. As an adult, he was a noted theologian, philosopher and teacher. Among Iran's scholars, Hairi-Yazdi was one of the few who combined a rigorous study of Islam and Western philosophy. He was also a participant in many historical events, making his memoirs an important primary source for the study of contemporary Iranian history.

Mehdi Hairi-Yazdi was born in 1923 in the city of Qom,[1] Iran's major religious center. His father, Ayatollah Abdolkarim Hairi-Yazdi, was the leading *marja' al-taqlid*[2] of the Shiites from 1922 to 1937. His father was also the founder of the

---

[1] A town in the Central Province of Iran, 75 miles south-southwest of Tehran, population (1976) 246,831, has numerous mosques and is site of shrine of Fatemeh, sister of Imam Reza, the eighth imam of Shiites.

[2] One who through his learning and probity is qualified to be followed in religious practice and law by Shiites.

Qom Seminary, where nearly all of Iran's leading clergy studied—many as his students. Given this background, Mehdi Hairi-Yazdi came to know and work closely with some of Iran's most powerful ayatollahs: Seyyed Hossein Boroujerdi,[3] Seyyed Mohammad Behbahani,[4] Seyyed Abolghassem Kashani,[5] Seyyed **Mohammad-Kazem** Shariatmadari[6] and

---

[3] Ayatollah Hossein **Tabatabaie**-Boroujerdi, born in Boroujerd (1875). Studied at Esfahan and Najaf. Moved to Qom (1945), became sole *marja'* on death of Ayatollah Seyyed Hossein Ghomi (February 6, 1947). He died in Qom (March 30, 1961).

[4] Ayatollah Seyyed Mohammad Behbahani was the eldest son of Seyyed Abdollah Behbahani, a leader of the constitutional revolution (1906). He studied at Najaf, was a member of the High Commission of Constitutionalists (1909), and maintained cordial relations with Sardar Sepah (later Reza Shah). He was influential in the political arena, instrumental in holding of elections to the Fifteenth Majles (1946), met with the Shah to dissuade him from leaving Iran, supported the August Coup (1953), and opposed the Shah's reform program (1963). He died at the age of 92 in Tehran (1963).

[5] Ayatollah Seyyed Abolghassem Kashani, son of Ayatollah Seyyed Mostafa (high ranking *mujtahid* in Najaf), received religious education in Najaf and was then expelled from Iraq for his anti-British activities. In Iran, he met frequently with Sardar Sepah (later Reza Shah). He represented Tehran at the constituent assembly of 1925 and voted in favor of dynasty change. He was arrested several times in mid 1940s, elected to the Seventeenth Majles from Tehran and elected its president (1951). He broke with Mossadegh and sided with General Zahedi who replaced him as prime minister (1953), opposed reestablishment of diplomatic relations with Great Britain (1953), broke with General Zahedi over elections for the Eighteenth Majles, opposed the agreement with consortium of oil companies (1954), and was arrested for sanctioning the assassination of Prime Minister Razmara (1955). He died in Tehran at the age of 80 (1962).

[6] Ayatollah Seyyed Mohammad-Kazem Shariatmadari, born in Tabriz (1904), moved to Qom (1924) and studied under Ayatollah Abdolkarim Hairi-Yazdi before going to Najaf to study, returned to Qom (1949), and began to teach. After the death of Ayatollah Boroujerdi (1961),

Rouhollah Khomeini.[7]

Hairi-Yazdi completed his primary and secondary education in his home town under the guidance of his father. Subsequently, he attended Qom Seminary and studied under Ayatollah Boroujerdi, attaining the title of *mujtahid.*[8]

In 1951, he moved to Tehran as representative of Ayatollah Boroujerdi on the High Council of Education, Iran's highest policy making body on education. At the same time, he began teaching at the Sepahsalar Seminary, Tehran's premier school for the clergy. Four years later, he was appointed associate professor at Tehran University Faculty of Divinity. A few years later he was promoted to full professor.

In 1959, Hairi-Yazdi journeyed to Washington, D.C. as representative of Ayatollah Boroujerdi. While there, he helped establish the Association of Islamic Students in the United States and Canada, whose leaders later played important roles

---

he became one of the leading *marja'*. He was formally stripped of his rank of *Ayatollah al-Ozma,* however, after the discovery (April 1982) of a plot against Ayatollah Khomeini which allegedly had his support. He died in Tehran (1986).

[7] Ayatollah Rouhollah Khomeini, born in Khomein, near Esfahan (1902), studied under Ayatollah Hairi-Yazdi in Hamadan and Qom from 1922. He taught *kalam, akhlaq,* philosophy and *'irfan* in Qom. After Ayatollah Boroujerdi's death (1961), his lectures began to be openly critical of the government. Arrested three times (1963) and exiled to Turkey (1964), moved to Najaf (1965), and supreme leader of the Islamic Republic of Iran (1979). He died in Tehran (June 3, 1989).

[8] One who has studied sufficiently and achieved the level of competence necessary to obtain permission to make judgements on points of religious law.

in the establishment of the Islamic Republic. This period coincided with his growing interest in Western philosophy. In his view, one could not become a true Islamic scholar without also having a broad knowledge of Western philosophy. A true scholar had to understand the relationship between the two world views and their influence on each other. In his words, "I said to myself, if we want to become familiar with the fundamentals of Western thought, we must temporarily put aside our own methodology and start from scratch."

To pursue his goal, he registered in the undergraduate program at Georgetown University in Washington, D.C., where he received his BA in Western philosophy. After Georgetown, Hairi-Yazdi studied at the University of Michigan and subsequently earned a masters and a doctorate in analytic philosophy from the University of Toronto.

During his stay in the West, Hairi-Yazdi taught at a number of academic institutions including Oxford, McGill, Toronto, Harvard, Yale, Michigan and Georgetown University's Kennedy Institute of Ethics.

In February 1979, the Islamic Revolution overthrew the monarchy and Ayatollah Khomeini became the supreme leader. The Hairi-Yazdi and Khomeini families had a long standing relationship. Ayatollah Khomeini had studied under Mehdi Hairi-Yazdi's father, while Hairi-Yazdi had been a student of Ayatollah Khomeini. Also, his niece was married to Ayatollah Khomeini's eldest son, Mostafa. More than these family ties,

Ayatollah Khomeini and Mehdi Hairi-Yazdi had been intimate friends for nearly twenty years.

So it was not surprising that when the Iranian embassy in Washington needed an acting ambassador immediately after the revolution, Ayatollah Khomeini called on Hairi-Yazdi to take charge. Within a few weeks, however, Hairi-Yazdi found the experience frustrating and the factionalism at the embassy directed from Tehran intolerable. When he learned that government funds in New York had been withdrawn by a man of uncertain repute, he wrote Ayatollah Khomeini outlining the misdeed. As he did not receive a response to his letter, he withdrew from embassy affairs.

In the summer of 1980, during his break from teaching, he returned to Iran and met with the Ayatollah. At the end of the summer, he was prevented from leaving Iran. As Hairi-Yazdi states, "the Leader of the Revolution prevented me from leaving Iran. He had issued the order—I don't know for what reason—he was [perhaps] afraid of me or feared that when I returned to America, I might undermine his position. At any rate ... [I] was in fact [under] house arrest."

By 1983, the restriction on his movements lapsed for he was able to travel to England to teach at the University of Oxford. But his friendship with Ayatollah Khomeini had been permanently changed and the two did not meet again.

The memoirs of Mehdi Hairi-Yazdi provide a window

into the world of Iran's clerical elite and their center Qom. Because of his close relationship with Ayatollah Boroujerdi, he is able to provide us with authoritative information regarding the personal characteristics of the ayatollah, as well as his administrative organization, his relationship with the central government and the differences between his political perspective and that of Ayatollah Khomeini.

Mr. Hairi-Yazdi has many recollections regarding Ayatollah Khomeini, including a meeting between the ayatollah and the Shah in mid 1950s. As a representative of Ayatollah Boroujerdi, Ayatollah Khomeini asked the Shah to restrict the Bahais as was done by his father, Reza Shah. Hairi-Yazdi quoting Ayatollah Khomeini says, "The Shah sighed and replied, 'Mr. Khomeini, do not compare [my father's era] with the present. In those days, all cabinet ministers and political figures obeyed my father. They did not dare do otherwise. Now, even the minister of court does not listen to me. How can I do what you ask?' I realized that he was telling the truth and was convinced."

In another part of his memoirs, Hairi-Yazdi contends that the 1979 Revolution was not inevitable. He blames the Imperial Court for breaking the long standing tie between the court and the clergy by slighting Ayatollah Khomeini in 1961. He also believes that "senseless acts" by the former regime such as changing the official calendar from Islamic to Imperial contributed to the fall of the monarchy.

After the Revolution, Hairi-Yazdi became a controversial figure among the proponents of rule by the clergy, primarily for his opinion that *velayat-e faqih*[9] had no basis in Shiite law. He presented his judgment in a book entitled, *Hekmat va Hokumat*, published in London in 1995. The final chapter of this book is included in Appendix 1.

The memoirs of Hairi-Yazdi total five hours and were recorded by my late colleague, Zia Sedghi, during three sessions. The first session was held on January 28, 1989 and the last on April 29, 1992 in Bethesda, Maryland.

Given that Hairi-Yazdi had placed no restrictions on the use of his memoirs, we intended to publish them as part of the Harvard Iranian Oral History Series in 1995. While the manuscript was being edited, one of my colleagues told me that Dr. Hairi-Yazdi was under surveillance in Tehran because of his statements against *velayat-e faqih*. He urged me to ask Hairi-Yazdi for confirmation before publishing his memoirs. I telephone Dr. Hairi-Yazdi and explained our plans. His response was that "there is no need to rush" and that we should send him the transcript to review before its publication.

Dr. Hairi-Yazdi died in Tehran on July 8, 1999. A year later, Mr. Saeed Alaghband, his brother-in-law, contacted me and sent the manuscript that had been corrected in Hairi-Yazdi's

---

[9] The concept that government belongs by right to those who are learned in jurisprudence.

own handwriting. The primary difference between the old and the new version is in the markedly softened tone of the latter, and it is this version that we have published as part of the Harvard Iranian Oral History Series.

Habib Ladjevardi

August, 2001

خاطرات مهدی حائری یزدی

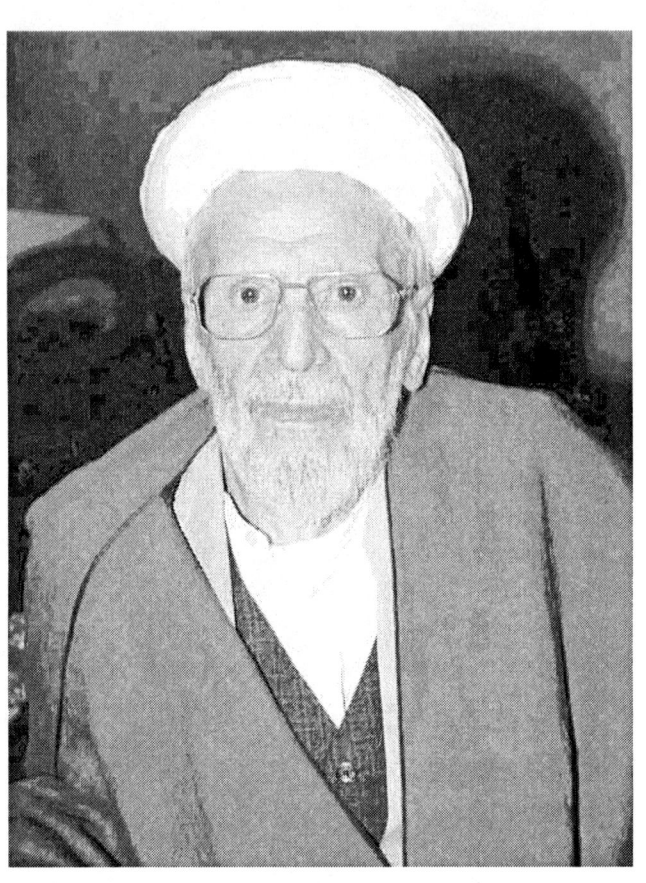

مجموعهٔ تاریخ شفاهی ایران
۹

# خاطرات
# مهدی حائری یزدی
## فقیه و استاد فلسفهٔ اسلامی

ویراستار
## حبیب لاجوردی

این کتاب توسط مرکز مطالعات خاورمیانهٔ دانشگاه هاروارد منتشر شده است.
محل توزیع: کتابفروشی ایران
P.O. Box 30087
Bethesda, MD 20824 USA
تلفن: ۸۱۸۸-۷۱۸-۳۰۱      فاکس: ۸۷۰۷-۹۰۷-۳۰۱

اینترنت:
دانشگاه: http://www.fas.harvard.edu/~mideast/iohp/index.html
کتابفروشی: http://www.ibexpub.com/ibexiohp.html

این کتاب در سال ۱۳۸۰
توسط دانشگاه هاروارد منتشر شده است
تمام حقوق برای ناشر محفوظ است.

شمارهٔ کاتالوگ کتابخانهٔ کنگره: ۲۰۰۱۰۹۱۴۴۹
شابک: ۶-۲۷-۹۳۲۸۸۵-۰
چاپ در ایالات متحدهٔ آمریکا

# فهرست مطالب

# مقدمه

## دربارهٔ مهدی حائری یزدی

دکتر مهدی حائری یزدی در فروردین ۱۳۰۲ هجری شمسی (۱۳۲۳م) در شهرستان قم متولد شد. پدر او آیت الله عبدالکریم حائری یزدی،[۱] مرجع تقلید شیعیان و مؤسس حوزهٔ علمیهٔ قم بود.

آقای حائری یزدی پس از گذراندن تحصیلات ابتدایی و متوسطه به حوزهٔ علمیهٔ قم راه یافت و به تحصیل علوم اسلامی پرداخت و پس از سه سال تحصیل، دورهٔ سطح را در فقه و اصول طی کرد و برای اخذ درجهٔ اجتهاد به دروس خارج راه پیدا کرد و درس های خارج فقه و اصول را نزد آیت الله بروجردی،[۲]

---

[۱] آیت الله حاج شیخ عبدالکریم حائری یزدی، فرزند محمد جعفر مهرجردی یزدی، متولد اردکان در سال ۱۲۷۶ هجری قمری (۱۲۳۸ شمسی و ۱۸۵۹ میلادی). وی در عتبات نزد حاج میرزا محمد حسن شیرازی، میرزا محمد تقی شیرازی، شیخ فضل الله نوری، آخوند ملا کاظم خراسانی و سید کاظم یزدی تلمذ کرد و از محضر سید محمد فشارکی استفاده نمود. پس از بازگشت به ایران در سال ۱۳۰۱ شمسی (۱۹۲۲)، حوزهٔ علمیهٔ قم را تشکیل داد و مرجع تقلید شیعیان گردید. وی در بهمن ۱۳۱۵ شمسی (۱۹۳۷ میلادی) در گذشت.

[۲] آیت الله سید حسین طباطبائی بروجردی، فرزند سید علی طباطبائی، متولد بروجرد در سال ۱۲۹۲ هجری قمری (۱۲۵۴ شمسی و ۱۸۷۵ میلادی). پس از فرا گرفتن مقدمات در بروجرد، به اصفهان رفت و فقه را نزد حاج سید محمد باقر درچه یی و فلسفه را نزد میرزا جهانگیر خان خواند. آن گاه به نجف رفت و در محضر آخوند ملا کاظم خراسانی و شیخ عبدالکریم حائری یزدی تلمذ کرد. او نزدیک به دو سال در اوایل سلطنت رضا شاه به مشهد تبعید شد و سپس قریب بیست سال در

آیت الله سید محمد حجت کوه کمری تبریزی و آیت الله سید محمد تقی خوانساری آموخت. و سرانجام به اخذ درجهٔ اجتهاد از سوی آیت الله بروجردی نائل شد.

او در سال ۱۳۳۰ (۱۹۵۱) به تهران آمد و مدرس مدرسهٔ سپهسالار قدیم گردید. در همان سال در انتخابات دورهٔ هفدهم مجلس شورای ملی[۳] از شهرستان یزد شرکت کرد، اما به نمایندگی انتخاب نشد. در سال ۱۳۳۴ (۱۹۵۵) با رتبهٔ دانشیاری به تدریس در دانشکده الهیات دانشگاه تهران پرداخت و پس از پنج سال به مقام استادی ارتقاء یافت.

در سال ۱۳۳۹ (۱۹۶۰) به عنوان مجتهد تام الاختیار از سوی آیت الله بروجردی عازم آمریکا گردید و ضمن همکاری در تأسیس انجمن اسلامی دانش جویان آمریکا و کانادا، تحصیلات دانشگاهی خود را در دورهٔ لیسانس فلسفه در دانشگاه جورج تاون (Georgetown University) آغاز کرد. حائری یزدی انگیزه برداشتن این قدم استثنایی را این گونه توصیف می کند:

> وقتی که بنده آمدم در واشنگتن از همان سال اول رفتم در دانشگاه جورج تاون و... لیسانس فلسفهٔ غرب را ... شروع کردم.... پیش خودم گفتم که ما اگر بخواهیم از زیربنا شروع

---

بروجرد زندگی کرد. پس از آن مقیم قم گردید و متعاقب درگذشت آیت الله حسین قمی در ۱۷ بهمن ۱۳۲۵ (۶ فوریه ۱۹۴۷) مرجع تقلید شیعیان شد. در ۱۰ فروردین ۱۳۴۰ (۳۰ مارس ۱۹۶۱) در شهر قم به سبب سکته قلبی درگذشت.

[۳] دورهٔ هفدهم مجلس شورای ملی در ۷ اردیبهشت ۱۳۳۱ (۲۷ آوریل ۱۹۵۲) افتتاح گردید.

> کنیم و به سیستم زیربنیادی تفکر غرب آشنا بشویم بایستی بکلی از آن متدلوژی خودمان موقتاً صرف نظر کنیم و اصلاً روز از نو، روزی از نو. از ابتدا باید شروع کنیم.[۴]

او پس از گرفتن لیسانس، سال ۱۳۴۳-۱۳۴۴ (۱۹۶۴-۱۹۶۵) را دانشگاه هاروارد گذراند و در «مرکز تحقیقات ادیان جهانی» آن دانشگاه تدریس کرد. چندی بعد به دانشگاه مك گیل در شهر مونتریول کانادا رفت و دو سال (۱۳۴۸-۱۳۵۰برابر ۱۹۷۱-۱۹۶۹) در آن دانشگاه تدریس نمود. سال بعد حائری یزدی به دانشگاه میشیگان رفت و علاوه بر تدریس، تحصیلات خود را در سطح فوق لیسانس آغاز کرد. سپس در دانشگاه تورنتو (University of Toronto) ثبت نام نمود و ضمن تدریس، درجهٔ فوق لیسانس دریافت کرد و بلافاصله در همین دانشگاه برای دورهٔ دکترا ثبت نام نمود و سرانجام در سال ۱۳۵۸ (۱۹۷۹) دکترای خود را دررشتهٔ فلسفهٔ آنالیتیك دریافت نمود. در پائیز همان سال، حائری یزدی به دعوت دانشگاه جورج تاون به واشنگتن بازگشت و در این دانشگاه به تحقیق و تدریس پرداخت.

آقای حائری یزدی در نخستین روزهای انقلاب از طرف آیت الله خمینی به سمت سرپرست سفارت ایران در واشنگتن تعیین شد. اما به گفتهٔ خود او به سبب چند دستگی های‌درون سفارت و برداشت های مالی توسط افراد غیر مسئول از این مقام استعفا داد.[۵]

---

[۴] نگاه کنید به ص ۲۴.

[۵] نگاه کنید به ص ۱۰۷.

در سال دوم انقلاب، آقای حائری یزدی برای استفاده از فرصت تعطیلات تابستانی به ایران مراجعت کرد، ولی آن گونه که خود می گوید، «دیگر رهبر انقلاب نگذاشتند که برگردم. دستور داده بودند، نمی دانم به چه مناسبت، از ما وحشت کرده بودند یا از ما بیم داشتند که برگردیم آمریکا، ممکن است که به اصطلاح وضعشان را به هم بزنیم یا چه عرض کنم. به هر حال، ایشان دستور دادند که ما را نگذارند از تهران خارج بشویم. در حقیقت یك نوعی از هاس ارست (house arrest) [بازداشت در خانه] بودیم ما در تهران.»[۶]

مهدی حائری یزدی توانست در سال ۱۳۶۲ (۱۹۸۳) از ایران خارج شود و جهت تدریس به دانشگاه آکسفورد برود و مدتی هم در لندن اقامت نماید.

با توجه به تسلط آقای حائری یزدی بر علوم دینی و آشنایی نزدیك او با رهبران مذهبی مانند آیت الله حسین طباطبائی بروجردی، آیت الله سید محمد بهبهانی، آیت الله سید ابوالقاسم کاشانی، آیت الله سید محمد کاظم شریعتمداری و آیت الله روح الله خمینی، خاطرات او بسیار ارزشمند و قابل استناد است.

آقای حائری یزدی مناسبات نزدیکی با آیت الله بروجردی داشت و در خاطرات خود اطلاعات جالبی از خصوصیات شخصی آیت الله بروجردی، تشکیلات اداری او در قم، مناسبات او با دولت مرکزی و تفاوت دیدگاه سیاسی او و آیت الله خمینی به ما می دهد. علاوه بر آن، اصطلاحات «رهبر شیعیان جهان» و

---

[۶] نگاه کنید به ص ۲۷.

«مرجع تقلید» را تعریف می کند. در مورد ولایت فقیه می گوید، «اینها با این تفسیر به هیچ وجه ریشه ندارد. نخیر. حد اقل من نتوانسته ام مدرکی در عقل، کتاب و سنت برایش پیدا کنم.»[۷]

خانواده های حائری یزدی و خمینی از دیرباز با یک دیگر مناسبات نزدیک داشتند. آیت الله خمینی از شاگردان پدر مهدی حائری یزدی بود. مصطفی، پسر ارشد آیت الله خمینی، با معصومه خانم، برادرزاده آقای حائری یزدی ازدواج کرده بود. آقای حائری یزدی خود از شاگردان آیت الله خمینی بود.

> از نظر تاریخ، دوستی ما با آقای خمینی خیلی طولانی و صمیمی بود. شاید متجاوز از بیست سال پیوسته شب و روز [با هم بودیم] و گاهی مسافرت ها با یکدیگر داشتیم. ولی بعد از این که ایشان به قدرت رسیدند و من یکی دو مرتبه ... ایشان را در قم دیدم، دیگر نخواستم بیش از این مزاحمت فراهم کنم و مثل سابق با ایشان رفیقانه تماس بگیرم. لذا خودم را کنار کشیدم.[۸]

آقای حائری یزدی خاطرات گوناگونی از آیت الله خمینی دارد از جمله این که در اواسط دهۀ ۱۳۳۰ (۱۹۵۰) آیت الله خمینی از طرف آقای بروجردی به ملاقات شاه رفت و از او

---

[۷] نگاه کنید به ص ۸۰. برای آگاهی از نظریات او در این زمینه، نگاه کنید به: دکتر مهدی حائری یزدی، حکمت و حکومت (لندن، انتشارات شادی، ۱۹۹۵). همچنین پیوست شمارۀ ۱ این کتاب، ص ۱۵۱.

[۸] نگاه کنید به ص ۹۷.

خواست تا مانند رضا شاه برای بهائی ها محدودیت قائل شود. دکتر حائری یزدی به نقل از آیت الله خمینی می گوید، «[شاه] آهی کشید و گفت، آقای خمینی، شما الان را با آن وقت مقایسه نکنید. آن وقت همهٔ وزرا و همهٔ رجال مملکت از پدرم حرف شنوی داشتند. جرأت نمی کردند تخطی کنند. الان حتی وزیر دربار من هم از من حرف شنوی ندارد. من چه طور می توانم این کار را بکنم؟ من دیدم که ایشان راست می گوید. قانع شدم.»[۹]

**یادداشت ویراستار**

خاطرات آقای مهدی حائری یزدی در سه جلسه که پنج ساعت طول کشید در شهر بتزدا (Bethesda) در ایالت مریلند آمریکا توسط شادروان ضیاء صدقی[۱۰] ضبط گردید. جلسه اول روز یك

---

[۹] نگاه کنید به ص ۵۶.

[۱۰] ضیاء صدقی در ۲۳ مهر ماه ۱۳۷۶ (۱۵ اکتبر ۱۹۹۷) به نحو دلخراشی در شهر واشنگتن در گذشت. ضیاء از اولین روزهای اجرای طرح تاریخ شفاهی ایران با من همکاری داشت. او که در دوران جوانی به عضویت جامعه سوسیالیستهای ایران که توسط خلیل ملکی تأسیس شده بود در آمده بود، از تاریخ معاصر و امور سیاسی ایران اطلاعات دست اول داشت. علاوه بر آن، با بسیاری از رهبران نهضت ملی ایران آشنایی شخصی داشت و همین سبب شد که بتواند همکاری بسیاری از آنان را با طرح تاریخ شفاهی میسر سازد. به طور تقریب، نیمی از ۱۳۴ مصاحبه توسط او انجام شد. علاوه بر آن، سرپرستی ماشین کردن نوار صوتی مصاحبه ها، تطبیق متون ماشین شده با متن نوارها و تهیه فهرست مطالب با او بود. ضیاء همکاری مطلع، فعال و دلسوز بود. از صمیم قلب باور دارم که بدون همکاری او طرح تاریخ شفاهی به نتایج کنونی نمی رسید. یادش به خیر و روحش شاد باد.

شنبه ۸ بهمن ۱۳۶۷ (۲۸ ژانویه ۱۹۸۹) بر گذار شد و جلسهٔ آخر
ســه ســال بعــد در ۹ اردیبـهـشت ۱۳۷۱ ( ۲۹ آوریل ۱۹۹۲) انجام
گرفت.

از آن جا که آقای حائری یزدی در هنگام مصاحبه هیچ گونه
محدودیتی برای استفاده از خاطرات خود قائل نشده بود، قصد
داشتیم این خاطرات را در سال ۱۳۷۴ (۱۹۹۵) منتشر کنیم، اما
به توصیه یکی از دوستان او، که از این نیت ما آگاه شده بود،
بر آن شـدیم بار دیگر از آقای حائری یزدی برای انتشار کتاب
اجازه بگیریم. آقای حائری یزدی خواستار بررسی متن ماشین
شده و حک و اصلاح در آن گردید. از این رو بنا به خواست او،
متن خاطرات را برای آخرین اصلاحات به تهران فرستادیم.

دکتر حائری یزدی در ۱۷ تیر ۱۳۷۸ (۸ ژوئیه ۱۹۹۹) در تهران
در گذشت. حدود یک سال بعد آقای سعید علاقبند (برادر همسر
او) متن اصلاح شده مصاحبه را برایم فرستاد. این متن تا حدودی
با متن اصلی متفاوت است و نشان از تغییر نظر او نسبت به
بعضی از شخصیت ها دارد.

کتاب حاضر، متن خاطرات شادروان مهدی حائری یزدی است
کـه پـس از اصـلاحـات و افـزودن توضیـحـات او در دسـترس
خوانندگان قرار می گیرد.

حبیب لاجوردی

مرداد ۱۳۸۰ (اوت ۲۰۰۱)

# خاطرات مهدی حائری یزدی

## جلسهٔ اول : یک شنبه ۸ بهمن ۱۳۶۷ برابر ۲۸ ژانویه ۱۹۸۹

### سوابق خانوادگی

ضیاء صدقی:[۱۱] آقای دکتر حائری یزدی، بخش اول مصاحبه را همان طور که از پیش خدمتتان عرض کردم اختصاص می دهیم به شرح حال یا زندگی نامهٔ شما. می خواهم از حضورتان تقاضا کنم که برای ما شرح بدهید کجا به دنیا آمدید، در چه تاریخی به دنیا آمدید، چه خاطراتی از کودکی تان دارید و هر چه در این باره به نظرتان می رسد و هر طوری که دوست دارید راجع به این موضوعات صحبت بفرمایید.

مهدی حائری یزدی:[۱۲] بله، چشم. عرض می کنم خدمتتان که، به نام خدا، بنده از ابتدا – از همان زمانی که خودم را شناختم – یاد ندارم که پیرامون خودم مطلبی به کسی عرض کرده باشم و اصولاً به این خودبینی و خودنگری زیاد عقیده هم ندارم. ولی خوب، حالا که حضرت عالی می فرمایید، تا آن جایی که به اصطلاح جنبهٔ خودبینی و خودستایی نداشته باشد مطالبی که به حق وقایع بوده خدمتتان عرض می کنم.

ض ص: بله، منظور این است که در آینده اگر محققی یا

---

[۱۱] از این پس: ض ص.

[۱۲] از این پس: م ح.

مورخی به این نوارها رجوع کرد یا گوش داد، یك مقدار با زندگی نامهٔ شما آشنایی داشته باشد.

م ح: بله.

ض ص: و بداند که شما از کدام بخش اجتماعی آمدید و تحصیلاتتان چه گونه بوده و غیره. فقط به همین منظور است.

ج - بله. عرض کنم خدمت شما که بنده در شهر مذهبی قم که در ۱۲۰ کیلومتری یا [صد و] بیست و چهار کیلومتری جنوب تهران واقع است در سال ۱۳۰۲ هجری شمسی به دنیا آمدم. پدر من مرحوم آیت الله آقای حاج شیخ عبدالکریم حائری یزدی از مراجع تقلید شیعه در ایران بودند و هم ایشان مؤسس حوزهٔ علمیهٔ قم بودند.

ض ص: بله، بفرمایید.

م ح: شرح حالاتشان را دیگران نوشته اند. به طوری که دیگران هم نوشته اند در عتبات عالیات تحصیل کرده بودند و بعد آمدند به ایران و یك چند سالی در اراك برای به اصطلاح تجدید آب و هوا و فرار از گرمای عتبات [اقامت کردند] و در [آغاز] سال جدید، آن سال از آن جا - یعنی از اراك - [رفتند] به قم به عنوان زیارت نوروز برای تحویل حَمل. معمول بود که اشخاص از شهرهای اطراف می رفتند به یك شهر مقدسی که هنگام تحویل حَمل در آن شهر مقدس باشند. ایشان هم از اراك رفته بودند به قم و بعد، خوب، تهرانی ها هم از تهران [به] آن جا می آمدند. الان هم معمول است که هنگام تحویل حمل، از تهران به قم می روند و همین طور از سایر شهرهای ایران.

به مناسبت شهرت و مقام مرجعیتی که [پدرم] داشتند از

ایشان خواهش می کنند که در قم بمانند. چون [می گفتند] اراك یك شهر دورافتاده است و قم نزدیکتر به تهران است، بهتر است که [ایشان] در قم‌بمانند و تشکیل حوزه بدهند. ایشان هم ترجیح می دهند که در قم‌بمانند. از آن تاریخ به بعد،[۱۳] یعنی یك سال پیش از تولد بنده، ایشان به قم آمدند و رحل اقامت گزیدند و در آن جا تشکیل حوزهٔ علمیهٔ قم را دادند.

### تأسیس‌حوزهٔ علمیهٔ‌قم

بله، حوزه ای قبل از ایشان وجود نداشت و شهر قم‌شهر مقدسی بود که زیارتگاه بود ولیکن حوزهٔ علمیه نداشت. از آن تاریخ دیگر آقایان طلاب و روحانیون و محصلین علوم دینی از تمام شهرهای ایران به جای این که بروند به نجف تحصیل کنند، خوب، می آمدند به قم و در نزد ایشان و فضلایی که پیرامون ایشان بودند درس می خواندند و به اصطلاح به طور منظم حوزهٔ علمیه تشکیل شد و مخارج آن هم همان تجار و اشخاصی که مقلدین ایشان بودند از بابت وجوه بریه و از بابت سهم امام مخارج حوزهٔ قم را به ایشان تأدیه می کردند و ایشان هم به طلاب می رساندند و به اصطلاح تکفل هزینهٔ تحصیلی همهٔ طلاب را با مخارج خانواده، خانه و امثال ذلك، تعهد می کردند. تا پانزده سال این جریان حوزه با حضور ایشان و با سرپرستی ایشان که مؤسس بودند ادامه پیدا کرد. البته این زمان مصادف بود با [به] قدرت [رسیدن] رضا شاه پهلوی. و رضا شاه پهلوی هم البته در ابتدا با ایشان روابطش بد نبود، از لحاظ این که

---

[۱۳] سال ۱۳۰۱ (۱۹۲۲).

خوب، هنوز به اوج قدرت و دیکتاتوری نرسیده بود و از ایشان [یعنی پدرم] ملاحظه می کرد. خیلی هم ملاحظه می کرد.

## سردار سپه و نهضت جمهوریت

عرض کنم البته بنده آن تاریخ خودم ناظر نبودم به دلیل این که خیلی کوچك بودم. شاید دو، سه سالم بیشتر نبود ولی [اینها را] از مرحوم برادرم[۱۴] شنیده ام و از دیگران. این قضیه ای که می خواهم عرض بکنم [به این شرح است:] یك سال یا دو سال بعد از اقامت [پدرم] در شهر قم، آقایان مراجع و علمای نجف هم در اثر مسائل سیاسی که با دستگاه حکومتی عراق عرب پیدا کرده بودند به قم آمدند. آن وقت ها گویا عراق از سوی انگلیس ها اداره می شد. در آن تاریخ در شیعه سه نفر مرجع بودند. یکی [پدرم بود] که بیشتر مردم ایران مقلد ایشان بودند (چون شیعه منحصر به ایران که نیست. [در] پاکستان هست، [در] لبنان هست، [در] سوریه هست. [در] بسیاری جاهای دیگر شیعه هست، و [در] هندوستان حتی.) آن وقت آن دو نفر آقایان دیگر هم مرجع بودند: یکی مرحوم آقا میرزا حسین نائینی و دیگری مرحوم آقا سید ابوالحسن اصفهانی. این دو نفر چون ایرانی الاصل بودند، اینها را انگلیسی ها تبعید کردند به

[۱۴] حاج شیخ مرتضی حائری یزدی، پسر بزرگ آیت الله عبدالکریم حائری یزدی، تحصیلات خود را نزد پدر و آیت الله سید محمد حجت کوه کمره ای و آیت الله سید محمد تقی خوانساری انجام داد و با دختر آیت الله حجت ازدواج کرد. او در ابتدای انقلاب به عضویت مجلس خبرگان انتخاب گردید ولی به علت عدم موافقتی که با طرح ولایت فقیه داشت به عنوان اعتراض از حضور در آن مجلس کناره گیری نمود. در پاییز سال ۱۳۶۵ (۱۹۸۶) بر اثر حمله قلبی در گذشت.

ایران و آنها آمدند به قم و مهمان مرحوم پدر من بودند.[15] این اجتماع مراجع سه گانه در قم هنگامی اتفاق افتاد که مصادف [شد] با مسئله جمهوریت و ادعای رضا خان برای ریاست جمهوری و مخالفت مرحوم مدرس[16] واین وقایع در بین آمد. دقت کردید؟

ض ص: بله، بله.

م ح: بله. و رضاخان و سردار سپه آن روز، [و] رضا شاه بعد، گویا آن وقت بالاخره منتهی می شود به قم. می آید به قم. داستانش را مثل این که ملك الشعرای بهار[17] در آن «دریغ از راه دور و رنج بسیار» یك کمی اشاره می کند که رضا شاه رفت به قم و پناه برد به علما و مجتهدین و مجتهدین برای او چراغ سبز باز کردند - اجازه دادند - که پادشاهی بکند به جای این که ریاست جمهوری بکند. این مسئله ای است که در خانهٔ مرحوم پدر ما واقع شده و داستانش را خیلی ها می دانند. مرحوم برادر من از قول مرحوم پدرم نقل کرد که گفت به این که [قطع

---

[15] در ۱۳ تیر ماه ۱۳۰۲ (۴ ژوئیه ۱۹۲۳)، متجاوز از سی تن از علمای بین النهرین به ایران تبعید شدند؛ حاج سید ابوالحسن اصفهانی و حاج میرزا حسین نائینی جزو تبعیدشدگان بودند. حاج شیخ عبدالکریم حائری یزدی پیش از آنان به ایران آمده بود.

[16] سید حسن مدرس متولد ۱۲۴۹ شمسی (۱۸۷۰)، روحانی، نمایندهٔ دوره های سوم تا ششم (تهران) مجلس شورای ملی، در سال ۱۳۱۶ (۱۹۳۷) در زندان کاشمر به قتل رسید.

[17] محمد تقی بهار (ملك الشعراء)،متولد مشهد، ۱۲۶۶ شمسی (۱۸۸۷)، شاعر، محقق، نویسنده، استاد دانشگاه، مدیر روزنامه نوبهار و نمایندهٔ دوره های سوم (درگز)، چهارم (بجنورد)، پنجم (کاشمر)، ششم و پانزدهم (تهران) مجلس شورای ملی و وزیر فرهنگ، ۱۳۲۴-۱۳۲۵ (۱۹۴۶).

کلام].

ض ص: برادر شما از قول پدرتان گفته؟

م ح: بله. مرحوم برادرم برای من نقل کرد که مرحوم نائینی خیلی گوشش سنگین بوده و درست نمی شنیده. خیلی به سختی صحبت می کرد. مرحوم پدر گفته بودند ما قبل از این که رضا خان بیاید در منزل ما و سه نفری راجع به این مسئلهٔ پادشاهی و جمهوری با او صحبت کنیم، بایستی که مطالبی که می خواهیم بگوییم قبلاً هر سه آگاه باشیم که چه می خواهیم بگوییم. حتماً او از ما می خواهد که تأییدش کنیم، یا قبول کنیم که به اصطلاح او زمام دار کشور بشود و آن وقت ما [باید ببینیم] در مقابل این استدعا و در مقابل این تقاضا چه جوابی [به] او بگوییم. چون آقای نائینی گوشش سنگین است، ممکن است که صحبت های حضوری را در آن جلسه نشنود، ما باید قبلاً با هم صحبت کنیم و ایشان را هم آگاه کنیم.

لذا یک جلسه ای قبلاً تشکیل دادیم، سه نفری، که با هم صحبت کنیم که اگر رضا خان گفت من می خواهم در آینده زمام دار کشور بشوم، در مقابل این مطلب ما چه عکس العملی جوابش را بگوییم. ما هر سه تصمیم گرفتیم که بگوییم که اگر بخواهی که دیکتاتوری کنی، نه، ما از ابتدا بهت می گوییم ما با شما به هر شکلی از اشکال که بخواهی زمام دار کشور باشی به صورت دیکتاتوری و یکه تاز مخالفیم: چه ریاست جمهور باشد، چه پادشاهی باشد. ولی اگر بخواهی یک پادشاهی باشی، آن هم پادشاهی که فقط مانند نقش دیوار است، دقت کردید؟

ض ص: بله.

م ح: یك سمبل به اصطلاح امروزی. كلمهٔ سمبل كه البته [آن روزها] مصطلح نبوده [گفتند] مانند «نقش دیوار.» یعنی یك پادشاهی باشی كه به عنوان پادشاهی معنون است اما هیچ نقشی جز نقش دیوار ندارد و كارها و مسائل مملكتی در دست دولت، در دست مردم، بالاخره در دست نمایندگان مردم باشد، ما با این صورت موافقیم. دقت كردید؟

ض ص: بله.

م ح: سه نفری تصمیم گرفتیم كه یك چنین مطلبی را به رضا شاه - اگر تقاضا كرد یا اگر پیشنهاد كرد - ما به این شكل جوابگویی كنیم.

رضا شاه آمد در منزل ما و نشست و صحبت كرد و صحبت كرد. در وسط مرحوم آقای نائینی بدون این كه مناسبت داشته باشد -چون قهراً در ابتدا صحبت های دیگری می شد، یا نرسیده بود صحبت هنوز به این حد و به این نقطه، یا این كه گذشته بود یا هنوز مناسبت نبود - ولی چون كه مرحوم آقای نائینی گوشش كر بود مرتباً اشاره می كرد به دیوار و می گفت، «پادشاه باید مثل نقش دیوار باشد.» دقت كردید؟

ض ص: بله.

م ح: رضا شاه یك مرتبه هاج و واج شد كه این آقا چه می گوید. مطلب چیه؟ آخر اصلاً مناسب نبود كه [آقای نائینی] بگوید، «نقش دیوار.» اما او مرتباً اشاره می كرد به دیوار و می گفت، « نقش دیوار، نقش دیوار.» [سردار سپه] خیلی متحیر شده بود. تا این كه از فرط تحیر از ما سؤال كرد كه ایشان از نقش دیوار چه مقصودشان است؟ ما به ایشان گفتیم حقیقتش

منظور این است و ما هم تأیید می کنیم نظر ایشان را که باید پادشاه در مملکت مثل نقش دیوار باشد. دقت کردید؟ این از داستان هایی است که من از آن جریان از قول مرحوم برادرم شنیدم که ایشان از پدرم نقل می کرد.

به هر حال، بعد که حوزه تشکیل شد، اجتماع طلاب زیاد شد. در حدود پانزده سال ایشان ریاست حوزه و ریاست مرجعیت شیعه را در قم داشتند و در سر پانزده سال، یعنی در سال ۱۳۵۵ قمری و ۱۳۱۵ شمسی [۱۹۳۷]، دنیا را وداع کردند.

ض ص: بله. برادرتان که راجع به آن جلسه صحبت می کرد، راجع به عکس العمل رضا شاه در آن جلسه، دربارهٔ این که پادشاه باید به صورت نقش دیوار باشد، یا به عنوان مظهر مملکت، یا بدون مسئولیت اجرایی، یا هر طوری می خواهید تعریف کنید، [چیز دیگری نگفت؟ رضا شاه] در آن جلسه عکس العملی نشان نداد؟

م ح: نه دیگر. عکس العملی هم اگر نشان داده بوده، بیشتر از این داستان من دیگر خبر ندارم.

ض ص: شما چند تا برادر و خواهر هستید، آقای حائری یزدی؟

م ح: بنده یک برادری داشتم که در سه سال پیش – برادر بزرگم بود – فوت کرد.

ض ص: اسم ایشان؟

م ح: اسمشان آقای حاج مرتضی حائری یزدی بود.

ض ص: ایشان هم از مدرسین حوزهٔ علمیه بودند؟

م ح: از مراجع بودند. به اصطلاح کاندیدای خوبی هم بودند

برای مرجعیت و کسی هم در عِداد ایشان نبود، حتی این مراجع فعلی آن استوانهٔ قدس و تقوای ایشان را نداشتند. ولی خوب متأسفانه در اثر سکته قلبی و بعد هم منتهی شد به سکتهٔ مغزی فوت کردند. ایشان هفت سال از من بزرگتر بودند.

ض ص: بله.

م ح: فقط این برادر را داشتم. الان خودم تنها فرزند مرحوم پدرم هستم.

ض ص: فقط دو تا برادر بودید؟

م ح: بله. نه، سه تا خواهر هم داشتم که هر سه خواهرم فوت کرده اند.

ض ص: شما تحصیلاتتان را کجا شروع کردید، آقای دکتر حائری یزدی؟

**تحصیلات در قم**

م ح: تحصیلات بنده، تحصیلات ابتدایی و متوسطه در همان مدارس عمومی قم بود. بعد از این که تحصیلات متوسطه ام تمام شد، در همان حوزه شروع کردم به تحصیلات اسلامی، یعنی ادبیات عرب، البته ابتدائاً و بعد از ادبیات عرب، منطق و بعد از منطق دروس عالیهٔ سطح و بعد از دروس عالیهٔ سطح، دروس خارج، مصطلح به اصطلاح درس خارج در پیش مرحوم آقای آیت الله بروجردی و مرحوم آیت الله حجت کوه کمری تبریزی، عرض شود که، تحصیلات اسلامی را انجام دادم. و در همان زمان هم در حقیقت تحصیلات دانشگاهی را به طور آزاد دنبال می کردم.

ض ص: بنا بر این، شما بعد از تحصیلات دبیرستانتان، بعد

از گرفتن دیپلم، رفتید به تهران[قطع کلام].

م ح: بعد از تحصیلات اسلامی و نیل به مقام اجتهاد مطلق.

ض ص: بله. چند سال در قم بودید؟

م ح: متجاوز از، عرض کنم که، پانزده سال. پانزده سال. تحصیلات عالیهٔ اسلامی را که به آخر رساندم دیگر بی نیاز شدم به طور کلی از تحصیلات اجتهادی.

ض ص: این چه سالی بود حدوداً؟

م ح: یعنی از سال ۱۳۱۵ شمسی [۱۹۳۶] تا در حدود ۱۳۳۰ [۱۹۵۱] در قم مشغول تحصیل بودم.

ض ص: بله.

م ح: بعد از این که بکلی بی نیاز شدم از تحصیلات اسلامی، حتی احساس کردم که دیگر احتیاجی به هیچ یك از مراجع ندارم، احتیاجی به اساتید بزرگ ندارم و خودم را از نظر قدرت علمی در همان هنگام برتر از تمام مدرسین و تمام مراجع و اساتید فن فقه و اصول و حتی معقول می دانستم، چون از تحصیلات حوزه سلب احتیاجم شده بود، آمدم به تهران.

## تدریس در مدرسه عالی سپهسالار و دانشگاه تهران

آمدم به تهران. از قم کوچ کردم. با این که خیلی آن جا وسایل ترقیات روحانیت و ترقیات در جناح و جنبهٔ مرجعیت و اینها فراهم بود و به اصطلاح راه برای من راه شوسه و مستقیم بود، ولی چون از جنبه های اقتصادی میل نداشتم که در آن گونه زندگی، زندگی کنم، در آن طرح زندگی، زندگی خودم را طرح ریزی کنم، آمدم به تهران و مشغول درس دادن در تهران شدم.

ض ص: در کجا؟

م ح: در دانشگاه تهران.

ض ص: بله.

م ح: آن جا مشغول تدریس شدم.

ض ص: دانشکده الهیات؟

م ح: بله. دانشکده الهیات. آن جا [قطع کلام].

ض ص: این سال ۱۳۳۰ [۱۹۵۱] است؟

م ح: سال ۱۳۳۰ من آمدم به تهران ولی آن وقتی که رفتم به دانشگاه تهران مثل این که سال ۱۳۳۴ [۱۹۵۵] بود و به اصطلاح آن جا استاد شدم. البته در ابتدا دانشیار شدم. مرحلهٔ استادیاری را در اثر مدارک تحصیلی کافی که داشتم و کتاب هایی هم که نوشته بودم حذف کردند. و آن وقت هم زمان با [تدریس در] دانشگاه تهران - این [را] هم یادم رفت عرض بکنم: مدرسهٔ سپهسالار قدیم را که ساختمانش برای مرحوم آقا علی مدرس، فیلسوف معروف، در زمان ناصرالدین شاه ساخته شده بود و در وقف نامه آن مدرسه تصریح شده که بایستی مدرسش ماهر در معقول، یعنی در فلسفه و ناظر در منقول باشد، به این جانب واگذار کردند. قبل از من مرحوم آقا میرزا مهدی آشتیانی، که استاد فلسفهٔ من بود و من کتاب شفا را پیش ایشان خواندم، متصدی تدریس آن جا بودند، بعد از مرحوم آقا علی مدرس. بعد از این که آقا میرزا مهدی آشتیانی هم فوت کرد، آن مدرسه به مناسبتی بنده را تشخیص دادند که هم ماهر در معقول هستم و هم ناظر در منقول هستم. من به جای مرحوم آقا میرزا مهدی آشتیانی مدرس مدرسهٔ سپهسالار [قدیم] شدم

۱۹

و همهٔ مدرسهٔ سپهسالار به سرپرستی من واگذار شد. این غیر از مسئلهٔ رفتن در دانشگاه بود.

ض ص: بله، این می بایست سـال هـزار و سـیصـد و [قطع کلام].

م ح: سی و یك، سی و دو [۱۹۵۲-۱۹۵۳] باید باشد.

ض ص: بله.

م ح: و این هم زمـان با دانشکده رفتن بـود البـتـه. به این مناسـبت چون سـوابق علمی من آن جـا مـشـخص بـود، دیـگر دانشگاه تهران مرحلهٔ استادیاری از من نخواست و یك سـره ما را بـه دانشیـاری ارتقـاء داد و این در اثر تشخـیص مـدارك تحصیلی خودم، مدارك اجتهاد كه از آقای بروجردی و دیگران داشتم بود. دانشگاه تهران مدرك اجتهاد مرا به عنوان معادل با دكترا شناخت. دقت كردید؟

ض ص: بله.

م ح: و [برای] همـین به مـا اجـازه داده شد كـه یك سـره در دانشگاه تهران به عنوان دانشیار، آسـوشـیت پروفسـور (associate professor) استخدام بشویم. بعد از پنج سال هم ترقی، به اصطلاح، ترفیع پیدا كردیم [و] به مقام استادی، استاد فول تایم (full time) [تمام وقت] نائل شدیم. در حدود شاید متجاوز از بیست سال بود كه ما استاد تمام وقت دانشگاه تهران بودیم. تا در سال گذشتـه [۱۳۶۶/۱۹۸۷] بنده پس از سی سال دانشیاری و اسـتادی دانشگاه تهران با اصرار تمام خودم بازنشـسته شـدم. بازنشسته كردم خودم را و الان استاد بازنشستهٔ دانشگاه تهران هستم.

بله، عرض کنم که آن وقت در [آن] زمان همان طوری که شما مستحضرید، پیش از ۲۸ مرداد [۱۳۳۲][۱۸] در زمان مرحوم دکتر مصدق یك اختلافی راجع به برنامه های شرعیات بین دولت و مرحوم آقای بروجردی پیش آمده بود. آن وقت که وزارت علوم نبود فقط همه کارها توی وزارت فرهنگ بود. این اختلاف در مورد مدارس مختلط بود.

ض ص: بله، بله.

م ح: بنده به معرفی مرحوم آقای بروجردی و به انتصاب مرحوم دکتر مصدق به عنوان مجتهد جامع الشرایط شورای عالی فرهنگ منصوب شدم تا به این اختلاف رسیدگی کنم. دقت کردید؟

ض ص: بله.

م ح: یکی از مقاماتی هم که به ما داده شد همین مجتهد شورای عالی فرهنگ بود. در آن جا خوب عده ای از ملیون همکار ما بودند، مثل مرحوم دکتر شایگان،[۱۹] دکتر علی اکبر سیاسی،[۲۰] دکتر معین،[۲۱] و دکتر آذر.[۲۲] اینها بودند که به اصطلاح

---

[۱۸] برابر ۱۹ اوت ۱۹۵۳.

[۱۹] علی شایگان، رئیس دانشکده حقوق، وزیر فرهنگ، ۱۳۲۵-۱۳۲۶ (۱۹۴۶-۱۹۴۷)؛ وزیر مشاور ۱۳۲۶ (۱۹۴۷)؛ نمایندهٔ دوره های شانزدهم و هفدهم مجلس شورای ملی و از رهبران جبهه ملی ایران.

[۲۰] علی اکبر سیاسی، وزیر فرهنگ، ۱۳۲۱-۱۳۲۲ (۱۹۴۲-۱۹۴۳) و ۱۳۲۷-۱۳۲۶ (۱۹۴۷-۱۹۴۸) و وزیر امور خارجه ۱۳۲۸ (۱۹۵۰) و رئیس دانشگاه تهران.

[۲۱] محمد معین، استاد دانشگاه تهران و مؤلف فرهنگ *فارسی* و کتاب های دیگر.

[۲۲] دکتر مهدی آذر، وزیر فرهنگ کابینهٔ مصدق و از رهبران

همه شان جزو یاران دکتر مصدق بودند. ما هم بودیم. ما هم به اصطلاح روابط مان با دکتر مصدق بسیار حسنه بود و همیشه مورد محبت ایشان بودم. آن وقت هم که این سمت را داشتم هم زمان با این در دانشگاه تهران هم [قطع کلام].

ض ص: تدریس می کردید.

م ح: بله، در دوره های دکترای دانشگاه تهران تدریس می کردم و در مدرسۀ سپهسالار قدیم هم درس اسفار[۲۳] و درس اصول فقه می گفتم. کتابی هم که نوشتم همان زمان بود. اولین کتابی که نوشتم به اسم علم کلّی بود که چندین بار چاپ شده و الان هم در دانشگاه تهران و در دانشگاه های دیگر ایران تکست بوك (text book) [کتاب درسی] و به اصطلاح به عنوان متن تدریس می شود. کتاب *علم کلّی* [درباره] مسائل کلّی فلسفه بود که نوشتم و تا الان مورد درس و [قطع کلام].

ض ص: استفاده قرار می گیرد.

م ح: جداً مورد استفادۀ دانشجویان دانشگاه است.

ض ص: شما چه سالی تشریف آوردید [به] خارج از کشور؟

م ح: چند سال بعد از ۲۸ مرداد، مثل این که در حدود سی و هشت و سی و نه [۱۹۵۹-۱۹۶۰] بود مثل این که [قطع کلام].

---

جبهه ملی ایران. نگاه کنید به خاطرات او در مجموعه تاریخ شفاهی ایران در دانشگاه هاروارد.

[۲۳] کتاب *الأسفار الأربعه* (سفرهای چهارگانه) نوشته صدرالدین شیرازی، معروف به «ملاصدرا» و «صدرالمتألهین»، مهم ترین کتاب فلسفی شیعه.

## تحصیل در آمریکا

ض ص: اولین سفر شما به غرب بود؟

م ح: بله، اولین سـفـر بـه غـرب بـود، بـه آمـریکا بود. آمـدم آمریکا. آمدم یک سره [به] واشنگتن.

ض ص: بله.

م ح: در این جا وقتی که آمدم چون احساس کردم به این که زمینه برای توسعـه و ترویج فـرهنگ اسلامی به صورت تبلیغ آماده نیست، تصمیم گرفتم اولاً بـه آمـوزش فلسـفه غـرب بپردازم.

ض ص: چه طور شـد یک بـاره تصـمیم گـرفتـید تشریف بیاورید آمریکا و بیایید واشنگتن. به قصد تحصیلات [بود]؟

م ح: البتـه تحصـیلات یکی از انگیزه های نهانی بود ولی انگیزه های دیگر هم بود. بیشترش عبارت از این بود که، خوب، وضع مملکت به صـورت یک جـریان نامطلوبی بود کـه من زیاد دوست نداشتم آن جا باشم و به اصطلاح دلم می خواست کـه به هر وسیله ای هست از این درگیری هایی کـه بـود در مملکت، در آن روزگار، برکنار باشم. عرض کنم کـه، از این جهت، آن وقت هم که آمدم به عنوان مأموریت از طرف مـرحوم آقای بروجردی آمدم. بله، به عنوان مأمور فوق العاده ایشان آمدم. و بعد وقتی کـه آمـدم این جا، احسـاس کردم کـه واقعـاً بـرای یک فـردی کـه می خواهد که درست تحقیق از علوم اسلامی بکند فقط نبایستی کـه بسنده کند به علوم اسلامی و [به] همان چهارچوب متدهای اسلامی سنتی. برای این کـه آن متـدهای سنتی هر چند هم کـه خـوب بـود امـا این کـه بـالاخـره جـوان های مـا [و] بـه طور کلی

جوان های اسلامی، نه تنها متعلق به کشور ایران بلکه به سایر کشورهای دیگر، اینها می آیند به آمریکا و اروپا و بالاخره ذهنشان به یك سلسله مسائل دیگری برخورد می کند و یك سلسله سؤالاتی درذهنشان جایگزین آموخته های پیشین می شود و اینها بایستی که بالاخره مورد تحلیل و تجزیه واقع بشود. خلاصه باید یك نفر دانشمند امروزی مجهز باشد به تمام جهازات و به زبان های مختلف. از این جهت فکر کردم که اصلاً صرف زبان یاد گرفتن کافی نیست که آدم در این جا یا در مملکت خودش شروع کند به زبان انگلیسی، فرانسه آشنا بشود. فرض کنیم به زبان انگلیسی و فرانسه آشنا شدیم، ولی وقتی که به ساخت فکر اینها - یعنی به فکر و آن سیستم فکری اینها - ما آشنا نباشیم، فایده ندارد. این برخورد عالمانه نیست. یك برخورد سطحی و عامیانه خواهد بود.

لذا وقتی که بنده آمدم در واشنگتن از همان سال اول رفتم در دانشگاه جورج تاون و آن جا تقاضا[ی پذیرش] کردم از دورهٔ لیسانس - لیسانس فلسفهٔ غرب را در دانشگاه جورج تاون شروع کردم. به هیچ وجه خودم را دیگر آشنا به فلسفهٔ اسلامی نکردم، با این که تا آن وقت بیشتر عمرم را در فلسفهٔ اسلامی و در تفکر اسلامی به طور کلی بسر برده بودم. ولی مع الوصف همه را گذاشتم کنار. پیش خودم گفتم ما اگر بخواهیم از زیربنا شروع کنیم و به سیستم زیربنیادی تفکر غرب آشنا بشویم بایستی بکلی از آن متدلوژی خودمان موقتاً صرف نظر کنیم و اصلاً روز از نو، روزی از نو. از ابتدا باید شروع کنیم. لذا این جا - یعنی به آمریکا - آمدم و دورهٔ لیسانس را در

دانشگاه های آمریکا تمام کردم.

بعد رفتم در [دانشگاه] میشیگان در [شهر] آن آربر (Ann Arbor)، آن جا فوق لیسانس خواندم. بعد هم از آن جا رفتم به کانادا. نُه سال در دانشگاه تورنتو (University of Toronto)ی کانادا دورهٔ دکترا فلسفه آنالیتیک (philosophie analytique) خواندم. فلسفهٔ آنالیتیک که به آن می گویند آنگلو آمریکن فیلاسافی (Anglo-American philosophy). از منطق ریاضی شروع کردم با سایر کورس (course) [درس] های دیگری که در همین رشته بود. همه را با نهایت زحمت و صبر گذراندم تا موفق شدم به گرفتن درجهٔ دکترا در رشتهٔ فلسفهٔ غرب، فلسفهٔ آنالیتیک، از دانشگاه تورنتو.

ض ص: بعد دوباره تشریف بردید ایران؟

م ح: نخیر. بعد از این که تحصیلاتم در دانشگاه تورنتو تمام شد، دانشگاه جورج تاون این جا (در شهر واشنگتن) مرا دعوت کرد برای کندی اینستیتوت آو بایو اتیکز (Kennedy Institute of Bio-Ethics) در دانشگاه جورج تاون. فاندیشین [بنیاد] کندی (Kennedy Foundation) یک انستیتویی [مؤسسه ای] تأسیس کرده بود به اسم کندی اینستیتوت آو بایو اتیکز و آن جا سه نفر بودند که یکی فیلسوف یهودی بود و یکی هم مسیحی بود و بنده هم به عنوان فیلسوف اسلامی آن جا استخدام شده بودم - به عنوان سینیور ممبر آو کندی اینستیتوت (senior member of Kennedy Institute) [عضو ارشد مؤسسه کندی] و هم زمان با عضویت در کندی اینستیتوت، در

۲۵

خود دانشگاه مزبور هم من در بعضی از کورس ها درس می دادم.

ض ص: تا چه سالی آن جا تشریف داشتید؟

م ح: تا سال ۱۳۸۰ در آن دانشگاه بودم.

ض ص: منظورتان ۱۹۸۰ است.

م ح: ببخشید، ۱۹۸۰.

ض ص: بله. در دانشگاه جورج تاون تشریف داشتید.

م ح: بنده در دانشگاه جورج تاون بودم.

ض ص: بله.

م ح: در این خلال چون گه گاهی در آن هنگامی که در دانشگاه جورج تاون بودم دانشگاه های دیگر هم از من دعوت می کردند برای کنفرانس: از جمله دو بار دانشگاه ییل (Yale University) از من دعوت کرد که آن جا کنفرانس بدهم. رفتم در دانشگاه ییل، [در شهر] نیوهیون (New Haven). کنفرانس های بنده در موضوع فلسفه اخلاق اسلامی جالب توجهشان قرار گرفت و دعوتم کردند برای تدریس. دعوتم کردند به عنوان پروفسور مهمان (visiting professor) که در دانشگاه ییل درس بدهم. کورس هایش را هم ترتیب داده بودم، حتی چاپ هم شده بود و توزیع هم شده بود بین دانشجویان.

تابستان بود و من نوعاً تابستان می رفتم [به] ایران برای این که زن و بچه ام در ایران بودند - برای سرکشی به آنها می رفتم. این بار هم رفتم به ایران که در سپتامبر ۱۹۸۰ [شهریور ۱۳۵۹] برگردم و بروم به ییل، یعنی ییل و جورج تاون. بین ییل و جورج تاون (commute) [رفت و آمد] می کردم. هفته ای دو

روز می بایستی که بروم ییل. بعدش، بقیه اش، در جورج تاون می بایستی باشم.

ض ص: بله.

### اولین سفر به ایران بعد از انقلاب

م ح: رفتم ایران که سرکشی به فرزندانم بکنم و در پاییز برگردم به آمریکا و مشغول کارم بشوم در ییل و جورج تاون. وقتی که رفتم در تهران، سال دوّم انقلاب بود. دیگر رهبر انقلاب نگذاشتند که برگردم. دستور داده بودند [که به آمریکا برنگردم]. نمی دانم به چه مناسبت از ما وحشت کرده بودند یا از ما بیم داشتند که برگردیم آمریکا، ممکن است که به اصطلاح وضعشان را به هم بزنیم یا چه عرض کنم. به هر حال، ایشان دستور دادند که ما را نگذارند از تهران خارج بشویم. در حقیقت یك نوعی از (house arrest) [بازداشت در خانه] بودیم ما در تهران.

تا سه سال پیش که باز یك دعوتی دانشگاه آکسفورد (University of Oxford) از من کرد که بروم در آکسفورد درس بدهم. آن جا چون تابستان بود و دیگر به اصطلاح آن توصیه و فرمان آقای خمینی هم فراموش شده بود، [یعنی] مقامات فراموش کرده بودند. اسم بنده هم که در لیست ممنوع الخروج ها نبود که جلوگیری بتوانند بکنند. به همین جهت توانستم از ایران بیرون بیایم. دقت کردید؟

ض ص: بله.

م ح: بدون سر و صدا ما آمدیم به آکسفورد.

ض ص: دقیقاً چه سالی بود این؟ چند سال پیش بود؟

م ح: در ۱۹۸۳[۲۴] بود مثل این که.

ض ص: شما از سال ۱۹۸۳ در آکسفورد تشریف داشتید تا الان که تشریف آوردید آمریکا؟

م ح: یك سالش در آکسفورد بودم. بعد آمدم لندن و یك قدری در لندن بودم چون پسرم در لندن است. مشغول تحصیل است. با او بودم. من بیشتر از یك سال در آکسفورد نبودم. ولی خوب، بعد از آن یك سال هم رابطه با آکسفورد داشتم. گه گاهی می آمدند سؤال از من می کردند حتی دانشجویان آکسفورد می آمدند گاهی آن جا درس می خواندند پیش من در لندن. رابطهٔ علمی را داشتم با آکسفورد اما این که دیگر رسماً مهمان آکسفورد نبودم.

ض ص: در چه تاریخی از دانشگاه تهران بازنشسته شدید؟

م ح: سال گذشته.

ض ص: الان هم تشریف می برید آکسفورد که آن جا تدریس کنید؟

م ح: نخیر، نخیر. دیگر بنده خودم هم اپلای (apply) نکردم. تقاضا نکردم. برای این که دیگر حال تدریس و این کارها را هم زیاد ندارم. این جا هم همین طور. این جا هم زیاد من فعالیت نکردم که پست و درسی به دست بیاورم. اگر اتفاق بیفتد که مثلاً یك درس مختصری باشد، حرفی ندارم، ولیکن یك درسی که خیلی کار زیاد داشته باشد دیگر افسرده شده ام.

ض ص: یعنی تمام وقت باشد؟

---

[۲۴] برابر سال ۱۳۶۲ شمسی.

م ح: تمام وقت باشد و یا نه. دیگر اصلاً حالش را ندارم.

## دکتر مصدق و حکومت او

ض ص: آقـای دکتـر حـائـری یزدی، شـمـا از دورهٔ ملـی شـدن صنعت نفت چه خاطراتی دارید؟ چه چیزهای مـهـمـی به یادتان می آید که فکر می کنید از نظر سیاسی و اجتماعی ارزش این را دارد که در تاریخ ایران ثبت بشود و باقی بماند.

م ح: از دورهٔ چه فرمودید؟

ض ص: از دورهٔ نهضت ملی.

م ح: نهضت ملی؟

ض ص: زمان ملـی شـدن صنعت نفت و نـخـسـت وزیری دکتر مصدق.

م ح: در دورهٔ ملـی شـدن صنعت نفت بنده با این کـه البـتـه رسـمـاً جزو جبهه ملی نبودم، و اصولاً هیچ وقت مـایل هم نبودم که در هیچ حزبی و در هیچ گـروهی رسـمـاً مشـارکت کنم، ولیکن نسبت به جبهه ملی خیلی علاقه زیاد داشتم و بـخـصوص نسبت به شخص مرحوم دکتر مصدق ـ که معتقد به او بوده و هستم و معتقدم که دکتر مصدق را چیزی شکست نداد مگر همان صداقت و صحت خودش. عامل شکست او فقط صداقت و صحت خودش بود. صحت راه خودش. دقت کردید؟

ض ص: بله.

م ح: عقیده بنده این است، و این عقیده خودم را از هیچ یک از اشـخـاص دیگری من به دست نیـاوردم، حـتـی از خـود دکتـر مصدق. ولی بنده معتقدم به این که عامل شکست او فقط صحت

عمل و درستی اش، کردار و رفتار سیاسی او بود، رفتار اصولی سیاسی. من به دکتر مصدق که احترام می گذارم به خاطر همان اصولی بودن روش دکتر مصدق بود. او همیشه یک حرف می زد: چه در زندان، چه در ریاست و نخست وزیری، چه در وکالت [مجلس] و چه در هنگام نشسته و چه در [هنگام] ایستاده. همیشه می گفت، «شاه بایستی در مملکت مشروطه سلطنت کند، نه حکومت.» این را در محاکمه می گفت، در زندان می گفت، در توی مجلس می گفت، در نخست وزیری می گفت. و من هم یقین داشتم مثل روز [برایم] روشن [بود] که دکتر مصدق ابداً خیال ریاست جمهوری و یا پادشاهی ندارد. کسی نیست که بخواهد که مثلاً شاه را بیرون کند، خودش شاه بشود، یا خودش رئیس جمهور بشود. او یک دموکرات بود و می خواست که واقعاً دموکراسی جایگزین دیکتاتوری بشود.

ض ص: هیچ خاطرهٔ مشخصی از ایشان دارید؟ هرگز با ایشان ملاقات کردید؟

م ح: بله. بنده چند بار با ایشان ملاقات کردم. یک بار مرحوم آقای بروجردی بنده را فرستادند به عنوان یک پیغام بر. پیغام دادند که من نزد آقای دکتر مصدق بروم و مطلب ایشان را راجع به تولیت قم عرض کنم. مرحوم آقای بروجردی به من فرمودند که من خواهش می کنم از شما بروید به آقای دکتر مصدق بگویید که این متولی باشی قم نسبت به متولی هایی که من دیدم در تمام عمرم، در بروجرد و در جاهای دیگر، نسبت به آنها نسبتاً بهتر از سایرین است. آن طور تجاوز کاری هایی که آنها می کنند به مال موقوفه، به آن شدت

و حدّت، از ایشان من نشنیدم و به علاوه، خوب، کسی که یك خیانت مهم نسبت به موقوفات از وی مشاهده یا ثابت نشده نمی توان [او را] از مسندی که آقایان مراجع سلف به او سپرده اند معزول نمود و آبرویش را در میان مردم از میان برد.

ض ص: کی بود آن موقع؟

م ح: آقای مصباح التولیه[۲۵] بود اسمش.

ض ص: بله.

م ح: و این را دکتر مصدق گویا بر اثر یك، نمی دانم، بد گویی هایی که مرحوم آقای کاشانی[۲۶] کرده بود، دکتر مصدق تولیت آستانهٔ قم را از ایشان گرفته بود و به آقای مشکوة[۲۷] که از جملهٔ دوستان نزدیك آقای کاشانی بود داده بود، آن هم به فشار مرحوم آقای کاشانی. دقت کردید؟

ض ص: بله، بله.

م ح: آن وقت مرحوم مشکوة هم مرد بدی نبود. مرد خوبی

---

[۲۵] ابوالفضل تولیت، ملقب به مصباح التولیه، فرزند حاج سید محمد باقر متولی باشی، نمایندهٔ دوره های یازدهم تا هفدهم قم در مجلس شورای ملی، به خاطر مخالفت با اصلاحات ارضی در خرداد ۱۳۴۲ (ژوئن ۱۹۶۳) دستگیر و زندانی شد.

[۲۶] آیت الله سید ابوالقاسم کاشانی، متولد ۱۳۰۰ هجری قمری (۱۲۶۲ شمسی و ۱۸۸۳ میلادی)، علوم دینی را در نجف در محضر آخوند ملا محمد کاظم خراسانی فرا گرفت و به درجهٔ اجتهاد رسید. در دههٔ ۱۳۲۰ و ۱۳۳۰ (۱۹۴۰ و ۱۹۵۰) رهبر روحانی و سیاسی شیعه محسوب می شد. نمایندهٔ تهران و رئیس دورهٔ هفدهم مجلس شورای ملی بود. در ۲۳ اسفند ۱۳۴۰ (۱۴ مارس ۱۹۶۲) در تهران درگذشت.

[۲۷] سید محمد مشکوة بیرجندی. استاد دانشکده حقوق و معقول و منقول در سال ۱۳۵۸ (۱۹۷۹) در لندن در گذشت.

بود. رفته بود در قم در اثر سادگی یک سلسله مسائلی و درگیری هایی با آقای بروجردی به وجود آورده بود. اصلاً وضع را به هم زده بود. دقت کردید؟

ض ص: بله.

م ح: آقای بروجردی به بنده فرمودند که برو به آقای دکتر مصدق سلام مرا برسان. بگو که، خوب، این آقای تولیت سالها این جا سابقه داشته و حق آب و گل دارد به این جا. و به علاوه محیط آرامی درست کرده. خوب، این محیط آرام را بدون هیچ علتی به هم زدن موجبی ندارد.

ض ص: بله.

م ح: یک مرتبه راجع به این مطلب بود که رفتم در منزل ایشان، پای تختشان نشستم و به ایشان، به آقای دکتر مصدق گفتم. آقای دکتر مصدق هم به من گفت، «خودت فلان کس می دانی که این جریان به اختیار من نبوده. آقای کاشانی از این مداخلات زیاد می کند و واقعاً اسباب زحمت ما هم شده در بسیاری مسائل. حضرت آیت الله بروجردی هر چه می خواهند یک راهی را به ما نشان بدهند که ما همان راه را اقدام بکنیم، انجام بدهیم، بدون این که به اصطلاح درگیری هایی با آقای کاشانی پیدا بکنیم.» خلاصه، یک چنین جوابی هم دادند به من. یکی راجع به این مطلب بود.

ض ص: بالاخره موضوع چه جوری حل شد، آقا؟

م ح: نمی دانم موضوع چه جوری حل شد.

ض ص: یادتان نمی آید؟

م ح: نخیر.

ض ص: بله.

م ح: آن آقای مشکوة که دوامی پیدا نکرد در آن جا و بالاخره آمد و برگشت و نمی دانم چه شد. البته، بعدش هم تولیت استانه را به آن آقای تولیت ندادند. آقای بروجردی هم فوت کرد. بالاخره نه این شد، نه آن شد. در موضوعات دیگر هم چند بار از این گونه ملاقات [ها] تکرار شد که تفصیل آن به طول می انجامد.

## نامزدی وکالت مجلس از یزد

عرض کنم که، یکی هم راجع به انتخاب خودم بود. من در سال ۱۳۳۲ کاندید[ای] یزد بودم که شهر خودم است.

ض ص: در انتخابات مجلس هفده.

م ح: بله، در انتخابات دورهٔ هفده. آن جا من کاندیدا بودم و آقای دکتر مصدق هم از من تأیید می کردند. اما تأییدات ایشان از حدود اظهار خوشوقتی و رضایت تجاوز نمی کرد.

ض ص: بله.

م ح: بنده [نامزد] بودم و آقای دکتر مرشد که بعد وزیر بهداری شد و آقای موسوی زاده که [قبلا] وزیر عدلیه مرحوم قوام السلطنه[۲۸] بود.

---

[۲۸] احمد قوام (قوام السلطنه)، فرزند ابراهیم خان معتمد السلطنه و طاووس خانم، دختر مجدالملك سینکی؛ متولد ۱۲۵۲ هجری شمسی برابر ۱۸۷۳ میلادی، رئیس دفتر مخصوص مظفرالدین شاه، وزیر جنگ، ۱۲۸۹ (۱۹۱۰)؛ وزیر دادگستری، ۱۲۹۰ (۱۹۱۱)؛ وزیر داخله، ۱۲۹۰و ۱۲۹۶ (۱۹۱۱ و ۱۹۱۷)؛ وزیر دارایی، ۱۲۹۶ (۱۹۱۷)؛ والی خراسان، ۱۲۹۶–۱۳۰۰ (۱۹۱۸–۱۹۲۱) و نخست وزیر، ۱۳۰۰–۱۳۰۱، ۱۳۲۱–۱۳۲۲، ۱۳۲۴–۱۳۲۶ و ۱۳۳۱ (۱۹۲۱–۱۹۲۲،۱۹۴۲–۱۹۴۳، ۱۹۴۶–۱۹۴۷ و ۱۹۵۲). در ۳۱ تیرماه ۱۳۳۴

ض ص: بله. بله.

م ح: موسوی زاده بود و بنده بودم و دکتر مرشد.[29] البته این را هم باید عرض بکنم در اثر این که شهرت بنده به مناسبت پدرم در یزد خیلی زیاد بود، این دو نفر بنده را به جمع خودشان ملحق کردند، و الا من تقاضای مشارکت با هیچ یک از طرفین آنها نداشتم. مردم ما را کاندیدا کرده بودند. همه هم تأیید کرده بودند. آنها دیدند به این که، خوب، سر و صدای مردم زیاد است آمدند و بنده را به خودشان ملحق کردند. آن وقت در طرف مخالف – [البته] باز هم مخالف، مخالف بنده نبود، چون کسی با من مخالف نبود – در طرف مخالف قهراً مرحوم دکتر طاهری[30] و جلیلی[31] و صراف زاده[32] بودند و آنها از لحاظ ارتباطات سیاسی و دولتی، بخصوص مرحوم دکتر طاهری، خیلی قوی بودند. دقت کردید؟

ض ص: بله.

م ح: یادم هست که چند مرتبه هم دکتر طاهری آمد خانهٔ من و گفت، «والله، بالله تو خودت را از اینها بکش کنار. ما شما را

---

(۲۳ ژوئیه ۱۹۵۵) در سن ۸۲ سالگی در تهران در گذشت.

[29] دکتر محمد حسن مرشد، نمایندهٔ دورهٔ هفتم مجلس سنا.

[30] دکتر محمد هادی طاهری، نمایندهٔ دوره های پنجم تا هفدهم مجلس شورای ملی از یزد و وزیر مشاور کابینه ساعد، ۱۳۲۷–۱۳۲۸ (۱۹۴۸–۱۹۴۹).

[31] سید کاظم جلیلی یزدی، نمایندهٔ مجلس چهارم تا چهاردهم مجلس شورای ملی از یزد و نمایندهٔ انتصابی از اصفهان در اولین مجلس سنا. در اسفند ۱۳۳۰ (۱۹۵۲) در گذشت.

[32] رضاصراف زاده، نمایندهٔ دوره های هفدهم تا بیستم مجلس شورای ملی از یزد.

روی چشم می گذاریم.» گفتم، «والله بنده اصلاً تقاضای کاندیدا شدن نداشتم. حالا من خودم را از اینها بکشم کنار و بیایم خودم را وارد شما بکنم، معنایش این است که من اصراری دارم به کاندیدا شدن. این مردم مرا [نامزد] کردند. من هم دیدم حالا که مردم نسبت به من [ابراز] احساسات می کنند، نخواستم احساساتشان را جریحه دار کنم. از این جهت قبول کردم. حالا بیایم و بگویم به این که من از آنها بدم می آید و با شما آمدم، این هم خوب نیست. بگذارید من به همین سکوت باقی بمانم. ببینیم هر چه می شود. خدا خودش هر چه تقدیر کرده است.» به هر حال، این موضوع هم مرتبه دومی که من رفتم پیش آقای دکتر مصدق راجع به همین کاندیدا[توری] خودم بود.

ض ص: در انتخابات.

م ح: آری، در انتخابات دورهٔ هفدهم. عرض کنم حضورتان که ایشان هم یک مقداری شرح آن جا را دادند. و ایشان صراحتاً به من اظهار داشت که از موسوی زاده خوشش نمی آید در اثر همین که وزیر عدلیهٔ قوام السلطنه بوده و سوابقی در جناح مخالف ایشان داشته و خلاصه از او خوشش نمی آمد. مرحوم دکتر مصدق هم به من پیشنهاد کرد که بابا ما واقعاً به شما اخلاص داریم و واقعاً دلمان می خواهد که شما بیایید تو مجلس، ولی یک کاری بکنید که این موسوی زاده دنبالتان نباشد. این اصلاً وضع ما را به هم زده. [من هم] عین همین جوابی که به دکتر طاهری دادم به مرحوم دکتر مصدق دادم. بعد ایشان هم دیگر حرفی نزد و من هم آمدم بیرون، ولی خیلی به من اظهار محبت می کرد.

۳۵

ض ص: اصلاً شرکت نکردید؟ خودتان را کاندیدا نکردید؟

م ح: کاندیدا شدم ولیکن [در] آخر آنها، یعنی طرف مخالف، با زور و فشار قوای مسلح و کشتار یك نفر برنده شدند.

ض ص: خودتان شرکت نکردید؟

م ح: خودم شرکت نکردم و اصلاً به یزد هم نرفتم. آنها، طرف مخالف، خیلی رویشان زیاد بود. یك گروهی را از گارد [شاهنشاهی آوردند] چون دکتر طاهری هم با دکتر مصدق مربوط بود، هم با دربار. و انتخابات را به نفع خود تمام کردند.

ض ص: بله.

م ح: دربار گارد سلطنتی را فرستادند به یزد. یك نفر را هم کشتند. طرف مخالف انتخاب شدند و ما شکست خوردیم.

ض ص: پس اسم شما جزو کاندیداها بود؟

م ح: بله. بله. تا آخر بود.

**نمایندهٔ آیت الله بروجردی در آمریکا**

ض ص: بله. خوب، آقای دکتر حائری یزدی، شما بعد از ۲۸ مرداد به سمت نمایندهٔ آیت الله بروجردی تشریف آوردید [به] آمریکا.

م ح: بله.

ض ص: این وظایف نمایندگی آیت الله بروجردی در آمریکا چه بود؟

م ح: چیزی نبود جز این که ایشان می خواستند که یك فرد - به اصطلاح خودشان - با سوادی که بتواند پاسخگوی سؤالات مذهبی دانشجویان باشد، در آمریکا باشد. والاّ هیچ

مطلب دیگری نبود و نمی خواستند بنده کاری، ابتکاری بکنم و لذا کاری هم نمی کردم. همین قدر شاید بتوانم عرض بکنم، همین انجمن اسلامی کانادا و آمریکا را که شاید الان هم باشد، بنده به وجود آوردم.

ض ص: انجمن اسلامی دانشجویان آمریکا و کانادا را می فرمایید؟

م ح: انجمن آمریکا و کانادا را ما تشکیل دادیم با مخارج مرحوم آیت الله بروجردی. بله. آقای قطب زاده[۳۳] هم نخست به اصطلاح سکرتر [منشی] ما بودند.

ض ص: صادق قطب زاده؟

م ح: آری. صادق قطب زاده. یك آفیسی [دفتری] هم اجاره کرده بودیم در دوپانت سیرکل (Dupont Circle)[۳۴] که پول اجاره اش را ما می دادیم. آقای صادق قطب زاده آن جا می رفت به عنوان سکرتری ما. نیابت ریاست آن جا را به عهده داشت. ما هم گاهی می رفتیم سری می زدیم.

ض ص: دیگر چه کسانی با شما همکاری داشتند در این زمینه.

م ح: بعضی از دانشجویان دیگر بودند.

ض ص: از آدم هایی که سرشناس و معروفند اسمشان

---

[۳۳] صادق قطب زاده، از رهبران دانشجویان مسلمان خارج از کشور و فعالان ضد رژیم سلطنتی، از یاران آیت الله خمینی، عضو شورای انقلاب اسلامی، رئیس سازمان رادیو تلویزیون و وزیر امور خارجه جمهوری اسلامی ایران، ۱۳۵۸-۱۳۵۹ (۱۹۷۹-۱۹۸۰). در سال ۱۳۶۱ (۱۹۸۲) توسط جمهوری اسلامی ایران محاکمه و اعدام گردید.

[۳۴] محله ای در منطقه شمال غربی شهر واشنگتن.

یادتان هست [که] بفرمایید؟

م ح: بله، این آقای [مکث].

ض ص: آقای دکتر یزدی[۳۵] نبودند؟

م ح: نخیر. آن دکتر یزدی آن وقت آمریکا نبود، اصلاً. کسی که اسمش بود آن آقای چمران بود.

ض ص: آقای مصطفی چمران؟

م ح: مصطفی چمران،[۳۶] ولی او در واشنگتن نبود. در جای دیگر بود. نوشته هایش می آمد و [او] با ما همکاری می کرد. ولی بعد من احساس کردم که آقای قطب زاده، خدا رحمتش کند، البته مستحق کشتار نبود ولیکن مورد اعتماد من نبود آن وقت. وقتی به ایشان احساس عدم اعتماد کردم، ایشان را من بیرون کردم و تنها به خاطر این که ایشان را نمی خواستم نگه دارم، اصلاً خودم را کنار کشیدم. آن جا را هم اصلاً بکلی تعطیل کردم.

ض ص: تعطیل کردید؟

م ح: آن آفیس را تعطیل کردم.

ض ص: بله.

م ح: در اثر این که احساس عدم اعتماد به عمل ایشان کرده

---

[۳۵] ابراهیم یزدی، از رهبران جنبش دانشجویان مسلمان خارج از کشور، از یاران آیت الله خمینی، معاون نخست وزیر، ۱۳۵۷ (۱۹۷۹)؛ وزیر خارجه جمهوری اسلامی ایران، ۱۳۵۸ (۱۹۷۹) و دبیر کل نهضت آزادی ایران.

[۳۶] مصطفی چمران، عضو نهضت آزادی (به رهبری مهدی بازرگان)، یکی از بنیان گذاران انجمن دانشجویان مسلمان آمریکا و کانادا، عضو سازمان امل در لبنان، معاون نخست وزیر (بازرگان)، وزیر دفاع جمهوری اسلامی ایران، ۱۳۵۸-۱۳۶۰ (۱۹۷۹-۱۹۸۱)؛ در جبهه جنگ ایران و عراق کشته شد، ۱۳۶۰ (۱۹۸۱).

بودم.

ض ص: این آفیس چه کار می کرد برای دانشجویان؟

م ح: این آفیس اسمش این بود که یک انتشارات مذهبی است. انتشاراتی در سطح اخلاق، در سطح نصایح مذهبی و گه گاهی پاسخ به پرسش های دینی می داد. ولی آقای قطب زاده پایش را از گلیم و چهارچوب این جریان فراتر می گذاشت و پول از ما می گرفت و می رفت به عنوانی که مثلاً انتشارات ما را منتشر کند یا تبلیغاتی که در جهت منظور و هدف ماست انجام بدهد، کارهای خودش را انجام می داد. بنده هم که ایشان را اید (aide) [دستیار] خودم قرار دادم و به اصطلاح کمک یا جزو کمک کاران خودم قرار دادم و به عنوان سکرتری قبول کردم، آن هم در اثر توصیهٔ مرحوم آقای بروجردی بود.

ض ص: آقای بروجردی ایشان را می شناخت؟

م ح: اجازه بدهید. شخص ایشان را خیر. پدر [قطب زاده] شخصی بود به اسم حاجی قطب چوب فروش در تهران. چوب فروش بود و حاجی قطب از مقلدین مرحوم آقای بروجردی بود و گاهی می رفت خدمت ایشان از تهران به قم و با ایشان رابطهٔ مذهبی داشت و مقلد ایشان بود. او از آقا خواهش کرده بود که [به] فلان کس که نمایندهٔ شما هستند در آمریکا توصیه بفرمایید که زیر بال [پسر] مرا هم که صادق قطب زاده است بگیرد. مرحوم آقای بروجردی هم به من نوشتند که آقای حاجی قطب یک همچنین فرزندی دارند آن جا، شما تا می توانید همکاری با او بکنید و ایشان را بپذیرید به همکاری. ما هم در

این سطح نه بیشتر با او همکاری کردیم. ولی بعد دیدیم که نه، به درد ما نمی خورد. ولش کردیم.

ض ص: از کسانی که آن جا با شما همکاری می کردند و بعدها سرشناس شدند و معروف شدند دیگر کس دیگری به یادتان می آید؟

م ح: کجا؟

ض ص: در همین دفتری که شما داشتید و آقای قطب زاده هم با شما کار می کردند.

م ح: چند تا از جوان های دیگر بودند. یکی آقای اسماعیل شاملو بود که الان [در] تهران است. تا دو سه سال پیش در وزارت نفت بود. [از] آن جا بیرون آمد. او هنوز هم به حالت ملیت باقی است. آقای اسماعیل شاملو. شما می شناسیدش؟

ض ص: نخیر.

م ح: آقای اسماعیل شاملو بود و آقای قطب زاده بود و عرض کنم که چند نفر دیگر بودند. حالا درست یادم نیست کی ها بودند. ولی، خوب، آقای قطب زاده ماشاء الله خیلی ارتباطات زیادی داشت. همه جوره، همه جوره که این ارتباطاتش خیلی در شأن ما نبود. بله.

### آیت الله بروجردی و روابط او با دولت

ض ص: عرض کنم، آقای دکتر حائری یزدی، تا آن جایی که من یادم هست ما دربارهٔ آقای آیت الله بروجردی مطلبی نداریم که ایشان را به کسانی که دربارهٔ ایشان اطلاعاتی ندارند بشناساند. فکر می کنم که شما با صلاحیت ترین فردی هستید

که می توانید ایشان را به ما معرفی کنید.

م ح: عرض کنم حضورتان که مرحوم آقای بروجردی بسیار مرد با تدبیری بود. مرد متقی و پاکدامنی بود. و ریاستش هم به نظر من، یعنی مرجعیت و ریاست مذهبی اش هم، در ایران واقعاً یك آبرویی برای اسلام بود. برای این که رابطه اش با دولت - بخصوص رابطه اش با دولت وقت - نه رابطهٔ خصمانه بود و نه رابطهٔ ارباب و رعیتی بود. دقت کردید؟

ض ص: بله.

م ح: همیشه سعی می کرد که از مرز خودش تجاوز نکند و در مرز خودش آنچه را که حق خودش می دانست تحکم می کرد به دولت وقت، به شاه وقت. بله. ایشان واقعاً یك مرد بسیار بسیار متقی، با خدا و بسیار با تدبیر [بود] - آن هم با تدبیر، نه شیطنت، بلکه با تدبیر عقلانی. رابطه اش با دولت وقت، با شاه، با وزیر، نخست وزیر، یا اصولاً به طور کلی با هیئت حاکمه یك رابطهٔ بسیار شرافتمندانه بود. در مرز خودش خیلی اصرار داشت که تحکم بکند، به اصطلاح حق خودش را که امور مذهبی بود به هر نحوی بود از دولت وقت می گرفت. و مواظب بود که حق خودش، یعنی حق مقام خودش، از بین نرود. مثلاً در مسائل مذهبی دستور می داد به حکومت و بایستی حکومت یا هیئت حاکمه هم دستور او را انجام بدهد. اما در مسائل غیر مذهبی به هیچ وجه مداخله نمی کرد، بلکه طرفداری هم می کرد از منویات و اجراییات هیئت حاکمه. این روش کلی اش بود. دقت کردید؟

ض ص: بله.

م ح: و لذا همیشه با دولت وقت یک نوع سازش این شکلی داشت که نه از هم گسیخته بود، به طور کلی، و نه طوری بود که تحت الشعاع هیئت حاکمه قرار بگیرد.

ض ص: بله. این توصیف خودتان را می توانید با یکی دو تا مثال مشخص، اگر یادتان می آید، همراه بفرمایید.

م ح: مثال یا امثله و شواهد زیاد است. عرض کنم، فرض کنید که مسائل بهائی ها در مملکت.

ض ص: فرض نمی خواهیم بکنیم. آنی که شما خاطرهٔ دقیق دارید، بفرمایید.

م ح: بله. مسئله بهائی ها.

ض ص: بله، بله.

م ح: در مسئله بهائی ها، خوب، تا آن جایی که ایشان تشخیص می داد که بهائی ها یک گروه ناراحت کننده و اخلالگر در ایران هستند. مسئله صرف اختلاف مذهبی نبود. این طوری که معروف بود تا یک اندازه ای هم درست بود که این گروه یک نوع سر و سری با منابع خارجی دارند و بیشتر مجری منافع خارجی هستند تا منافع ملی.

در این طریق مرحوم آقای بروجردی به هیچ وجه تردیدی از خودش نشان نمی داد که [از] آنچه گروه بهائی از دستش می آید [جلوگیری کند] – از انواع اذیت ها و کارهای موذیانه ای که بهائی ها دارند [و] دربارهٔ مسلمانان دریغ نمی کنند. یعنی به طور مخفیانه افراد خودشان را وارد مقامات اداری می کنند و مقامات را اشغال می کنند. بعد هم مسلمان ها را ناراحت می کنند. می زنند. از بین می برند. از این کارها خیلی زیاد

می کردند.

حالا بگذرید از این که الان صورت حق به جانبی به خودشان می گیرند. کاری ندارم به وضع فعلی. ولی آن زمان این شکل بود، واقعاً. هر جا که دستشان می رسید، به هر وسیله بود، هر مقامی بود، اشغال می کردند و سعی می کردند دیگران را از بین ببرند، یا وارد مجمع خودشان بکنند و کارهایی که آنها می خواهند انجام بدهند. دقت کردید؟ این بود. ولی ایشان [آیت الله بروجردی]، خوب، از این جریان و از این ماجرا آگاه بود و به هر وسیله ای بود، جلوگیری می کرد. و همین طور در مسائل دیگر مذهبی از قبیل فرض کنید اوقاف، از قبیل سایر مسائل دیگر که جنبه های مذهبی داشت. ایشان، خوب، بالاخره معتقد بود که حق تصمیم گرفتن در این مسائل مذهبی حداقل با اوست.

ض ص: بله.

م ح: و نمی گذاشت، اجازه نمی داد که دولت بدون اجازهٔ او، و بدون خبر او، و بدون مشاورهٔ او، کاری بکند. ولی در مسائلی که ارتباطی با مذهب به طور مستقیم نداشت، به هیچ وجه من الوجوه مداخله نمی کرد، بلکه دولت را تأیید هم می کرد. به نظر من یک خوبی دیگرش این بود که هیچ ارتباط خصوصی با کسی نداشت. شاید مثلاً، یکی از وجوه و یکی از جهاتی که ملیون یک قدری دلتنگی داشتند، ملی گراها، از آقای بروجردی، همین بود که آقای بروجردی مثلاً دکتر مصدق را تأیید نکرده یا نمی کرد ولی شاه را وقتی که [از] ایتالیا آمد، تأیید کرد.

بنده فکر نمی کنم که آقای بروجردی در اثر این که یک

مناسبت مخصوصى با شاه داشت این کار را در مورد شاه کرد، ولى بعد در مورد مصدق نکرد. در مورد مصدق نشسته بود ببیند که تا چه اندازه مصدق پایدار مى شود. هنگامى که احساس مى کرد که حکومت دکتر مصدق پایدار شده همه گونه روابط را حاضر بود، البته روابط عمومى نه روابط خصوصى – با او برقرار کند.

ض ص: بله.

م ح: [حاضر بود] تأیید یا روابط عمومى را با دکتر مصدق برقرار کند. در مورد شاه هم همین طور. به خاطر این که آقاى بروجردى تقریباً یک سیاست پراگماتیزم (pragmatism) [مصلحت گرایى] داشت، یعنى بالاخره مى گفت حالا، از هر جا، به هر وسیله اى [که] شده، هر قدر هم به اصطلاح از طریق فساد یا از طریق تحمیل، یا از طریق کودتا، از هر طریق، شاه برگشته بالاخره این شاهى است که ما باید این جا با او کار بکنیم. چاره اى نداریم. یا باید برویم و بنشینیم خانه و اصلاً تمام این مسائل را چشم پوشى کنیم. یا بالاخره باید با او کار کنیم. همین.

در زمان دکتر مصدق هم خود بنده چند بار عرض کردم [که] از طرف آقاى بروجردى واسطه بودم براى رابطهٔ با ایشان. و دکتر مصدق هم خیلى از ایشان احترام مى کرد[تا آن جا] که از قانون اختیارات خودش استفاده کرد و یک قانون خاصى براى آقاى بروجردى وضع کرد که هر روزنامه اى که اهانت به مرجع تقلید بکند بدون محاکمه روزنامه اش تعطیل خواهد شد. این قانون را ایشان فقط به خاطر [آقاى بروجردى وضع کرد] که

حتی آقای کاشانی از این جریان بدش آمد. یکی از جهاتی که آقای کاشانی رابطه اش با دکتر مصدق به هم خورد همین مسئله بود که دکتر مصدق جانب داری آقای بروجردی را کرد و او احساس می کرد که آقای بروجردی رقیب خودش است. دقت کردید؟

ض ص: بله. من اتفاقاً همین الان می خواستم از شما سؤال کنم [قطع کلام].

م ح: در صورتی که این طور نبود.

ض ص: روابط آقای بروجردی با آقای کاشانی چه گونه بود؟

م ح: روابط خوبی نداشتند. خیلی روابطشان سرد بود چون که آقای کاشانی خیال می کرد که آقای بروجردی رقیبش است، ولی رقابت نبود. او مرجع تقلید بود. و آقای [کاشانی] یک رهبر سیاسی بود. یک رهبر سیاسی – مذهبی بود و به هیچ وجه جنبهٔ مرجعیت تقلید نداشت. چون آقای بروجردی با آقای کاشانی قابل مقایسه نبود.


**آیت الله بهبهانی و رویداد ۲۸ مرداد**

م ح: و اما این که در سؤال قبلی تان [پرسیدید] که خاطره ای از زمان نهضت ملی و زمان دکتر مصدق دارم، بد نیست این خاطره ام را عرض کنم.

ض ص: تمنا می کنم بفرمایید.

م ح: عرض کنم که یک روز گرمی بود که من تازه از خواب بیدار شده بودم برای نماز صبح. تازه نمازم را تمام کرده بودم. هنوز آفتاب نزده بود. تلفن خانه ام صدا کرد. خانهٔ من آن وقت

در خیابان سیروس نزدیك سه راه سیروس بود - در تکیهٔ رضا قلی. آن جا منزلم بود. تلفنم صدا کرد. دیدم آقای آقا جعفر بهبهانی،[۳۷] پسر آقای میر سید محمد بهبهانی،[۳۸] [است]. گفت این جا منزل حضرت آیت الله بهبهانی است. آقای بهبهانی خواهش می کنند که شما صبحانه را تشریف بیاورید این جا. یك کار واجبی با شما دارند. می خواهند با شما [صحبت کنند]. گفتم بسیار خوب. من فوراً پا شدم و رفتم، چون منزل آقای بهبهانی هم در همان نزدیکی های سه راه سیروس بود.

بنده همین طور پیاده رفتم. رسیدم به منزل آقای بهبهانی، رفتم آن بالا - بالاخانه توی اتاق. آقای بهبهانی تو اتاق خصوصی کتابخانه اش نشسته بود. آن وقت نشستیم و ایشان طرح صحبت کردند. درست صبح روز ۲۸ مرداد [۱۳۳۲] بود. آقای بهبهانی به من گفتند، «فلان کس، شما می دانید که شاه از مملکت رفته بیرون؟» گفتم، «بله. من شنیدم.» گفتند، «می دانید که صحبت جمهوری است؟» گفتم، «این هم گه گاهی به گوشم خورده.» گفتند، «من از شما یك خواهش دارم. آن این است که من استدعا می کنم شما همین امروز صبح بروید به قم» - آن وقت تابستان بود و آقای بروجردی در شهر قم نبود. در ییلاق بود، در شش هفت فرسخی قم - «پیش آقای بروجردی و از طرف من بگویید که آقا، مملکت در شرف اضمحلال است. در شرف از بین رفتن است، برای این که صحبت جمهوری این

---

[۳۷] جعفر بهبهانی، فرزند آیت الله میر سید محمد بهبهانی و نمایندهٔ دوره های هجدهم تا بیستم مجلس شورای ملی از تهران.

[۳۸] آیت الله میر سید محمد بهبهانی، فرزند آیت الله سید عبدالله بهبهانی، روحانی پر نفوذ تهران.

مملکت است. شاه رفته بیرون و همین امروز و فرداست که اصلاً تمام اوضاع و احوال مملکت به هم بخورد. اصلاً مملکت دیگر می افتد آن طرف پردهٔ آهنین. دیگر اصلاً نه اسمی از دین خواهد بود، نه اسمی از ایشان، نه اسمی از مرجعیت، نه اسمی اصلاً از اصل دین. اصلاً کمونیستی می شود. مملکت می رود پی کارش. این را باید ایشان هر چه زودتر یك فکری بکنند.» گفتم، «چه فکری؟» گفت، «یك دست خطی، یك حکمی صادر بکنند که بالاخره مردم آگاه بشوند از این حقیقت. بیایند جلوی توده ای ها را بگیرند. خلاصه نگذارند که مملکت کمونیست بشود.»

گفتم، «بسیار خوب، جناب آقای بهبهانی. من می روم. حرفی ندارم. همین الان پا می شوم می روم به قم به آقای بروجردی همین پیغام شما را، از قول شما، می دهم. ولی به شما عرض بکنم. من یك سؤالی دارم و آن این است که اگر آقای بروجردی، بعد از این که این پیغام را از بنده از سوی شما شنیدند، به من گفتند، بسیار خوب، ولی نظر خودت چیه؟ اجازه می دهید که من نظر خودم را هم به آقای بروجردی بگویم؟»

آقای بهبهانی خودش را جمع کرد و گفت، «نظر شما چیه؟» گفتم، «به نظر بنده به هیچ وجه نمی آید که مملکت ایران با رفتن شاه کمونیست بشود. ممکن است، حداکثر اکثرش ممکن است که جمهوری بشود، ولی جمهوری ملازم و یا مساوی با کمونیستی نیست. خود رضا شاه هم یك وقتی برای مقام جمهوریت تلاش می کرد. به علاوه مسائل دیگری هم هست که به این زودی ها نمی گذارند مملکت ایران، نه از جهات داخلی و نه

از جهات خارجی، همین طور قُلپی، یك لقمهٔ چربی، بیفتد تو دهان كمونیزم. بله، ممكن است فرمش تغییر بكند. سلطنتی بشود جمهوریت، ولی كمونیستی، بنده هیچ معتقد نیستم و حتی به خیالم هم خطور نكرده است.»

آن وقت، خوب، یكی از مطالبی كه [آقای بهبهانی] به من گفت، [این بود كه] دكتر فاطمی نطق كرده كه، بله، آخرین پایگاه استعمار، كه شاه بود، از مملكت رفت. به [آقای بهبهانی] گفتم، «حالا وقتی كه آقای بروجردی یك چنین حكمی كه جناب عالی پیشنهاد می كنید صادر بكند، شما راضی هستید كه دكتر فاطمی بیاید و بگوید كه، بله، آخرین پایگاه استعمار انگلیس حكم صادر كرده؟ این دیگر بدتر خواهد شد. اصولاً معنی ندارد در این مسائل آقای بروجردی یا خود حضرت عالی مداخله كنید.»

ض ص: من این نكته آخر شما را نگرفتم كه دكتر فاطمی صحبت كرده بود [قطع كلام].

م ح: در مورد رفتن شاه، دكتر فاطمی گفته بود، آخرین پایگاه استعمار از مملكت خارج شد.

ض ص: بله، بله، حتماً سخنرانی بعد از ظهر ۲۵ مرداد ایشان را در میدان بهارستان در نظر داشتند.

م ح: بله. بله. من به آقای بهبهانی گفتم كه اگر آقای بروجردی یك چنین حكمی كه شما می فرمایید در پشتیبانی از شاه صادر كند علیه نهضت ملی و به نفع شاه باشد، فوراً آقای دكتر فاطمی یك همچنین مطلب دیگری هم خواهد گفت [كه] آخرین پایگاه استعمار انگلیس، آقای بروجردی، از قم یك

همچنین حکمی صادر کرد. آیا اصولاً این کار ارزش دارد؟ ایشان تأملی کرد. دید که بد جایی گیر کرده. خلاصه صرف نظر کرد از این که ما برویم به قم. دقت کردید؟

ض ص: بله.

م ح: این هم داستانی بود که در نظرم آمد به شما عرض کنم.

## مبارزه آیت الله بروجردی با حزب توده ایران

ض ص: آقای دکتر حائری یزدی، این فعالیت گستردهٔ حزب توده در دورهٔ نهضت ملی سبب ناراحتی آیت الله بروجردی نبود؟

م ح: بسیار، بسیار سبب ناراحتی ایشان بود.

ض ص: چیزی یادتان هست در این زمینه که برای ما بفرمایید که موضوع خاصی، مطلب خاصی در این باره که سبب ناراحتی ایشان شده باشد و ایشان کوشش کرده باشند که با دولت این موضوع را مطرح بکنند، یا راه حلی برایش پیدا بکنند؟ چیزی در این زمینه بیادتان می آید؟

م ح: آقای بروجردی یکی از مشخصاتش این بود، که همان طوری که عرض کردم، خیلی آدم مدبری بود و خودش را توی دست و دهان احزاب و روزنامه ها نمی انداخت و کارهایی که می کرد البته کارهای نامریی بود.

عرض کنم حضورتان که البته همان نحوی که بهائی ها را مخل امنیت و استقلال ایران می دانست، توده ای را هم می دانست و به همان ترتیبی که با بهائی ها مبارزه می کرد، [با توده ای ها هم] - البته به وسیلهٔ عوامل خودش - فعالیت

می کرد. مثلاً اگر توده ای ها در یك شهری رئیس فرهنگ باشند که در آن شهر موجب کارهای غیر مذهبی فرهنگی بشوند، سعی می کرد که آنها را تبدیل کند. آنها را از بین ببرد. کسی دیگری که صلاحیت مذهبی دارد بیاورد روی کار. همین طور از این کارها زیاد می کرد. ولی بیاید و رسماً یك کاری بکند که مثلاً بیانیه صادر کند یا اعلامیه صادر کند، ایشان اهل شعار و اینها نبود.

### دربارهٔ آیت الله سید ابوالقاسم کاشانی

ض ص: شما چه خاطره ای از آقای آیت الله کاشانی دارید؟

م ح: خاطره های زیادی دارم از ایشان. خاطرهٔ مهمی که از آیت الله کاشانی [در خاطرم] هست راجع به همان بعد از ۲۸ مرداد است که فوراً بعد از چند روزی رابطهٔ ایشان با آقای زاهدی[۳۹] به هم خورد.

ض ص: شما قبل از ۲۸ مرداد هیچ وقت با ایشان ملاقات کردید یا رابطه ای داشتید؟

م ح: با آقای کاشانی؟ بله. بله.

ض ص: قبل از این که به بعد از ۲۸ مرداد برسیم.

---

[۳۹] سپهبد فضل الله زاهدی، داماد حسین پیرنیا (مؤتمن الملك)؛ فرماندار نظامی خوزستان، ۱۳۰۳ (۱۹۲۴)؛ فرمانده ژاندارمری ۱۳۰۸ و ۱۳۲۱ (۱۹۲۹ و ۱۹۴۲)؛ فرمانده لشکر اصفهان، ۱۳۲۱ (۱۹۴۲)؛ بازداشت و تبعید به فلسطین توسط قوای انگلیس، ۱۳۲۱ (۱۹۴۲)؛ بازگشت به ایران، ۱۳۲۴ (۱۹۴۵)؛ فرمانده لشکر جنوب، ۱۳۲۵ (۱۹۴۶)؛ وزیر کشور در کابینه های علاء و مصدق، ۱۳۳۰ (۱۹۵۱)؛ سرپرست شهربانی کل کشور، ۱۳۳۰ (۱۹۵۱) و نخست وزیر، ۱۳۳۲-۱۳۳۴ (۱۹۵۳-۱۹۵۵). در ۱۲ شهریور ۱۳۴۲ (۳ سپتامبر ۱۹۶۳) در ژنو در گذشت.

م ح: بله. یکی از خاطراتم عبارت از موضوع زندانی کردن آقای آیت الله زنجانی[۴۰] [است]: حاج سید رضا زنجانی که جزو جبهه ملی بود. این را عرض کنم که زندانیش کرده بودند. همین زاهدی آقای آیت الله زنجانی را زندانی کرده بود. آقای زنجانی هم چون از شاگردهای مرحوم پدرم بود و با من هم خیلی رفیق بود، من خیلی فعالیت می کردم برای آزادیش. از جمله به آقای کاشانی هم رفتم گفتم که باید این آقای محترم را شما به هر وسیله هست بالاخره از زندان بیرونش بیاورید. بالاخره هم لباس شماست، هم قطار شماست، فلان و این حرف ها.

یك روزی باز دنبال همین موضوع به آقای کاشانی از منزلم تلفن کردم. آقای کاشانی پشت تلفن اوقاتش تلخ شد به من گفت، «تو آن وقت که دکتر مصدق خانهٔ مرا سنگ باران می کرد، کجا بودی؟ چه طور صدایت در نمی آمد؟ ولی حالا که این سید زنجانی را گرفتند، افتادی به کار و مشغول فعالیت؟» من هم اوقاتم تلخ شد. قدری با تندی که از رسم ادب خارج بود به آقای کاشانی پشت تلفن گفتم. گفتم، «آقا، شما اشتباه نکنید. من خودم را از شما خیلی‌اعلم‌می دانم و افضل می دانم. اگر قبول ندارید، یك مجلسی ترتیب بدهید که باشند فضلای قوم. بحث بکنیم. معلوم بشود من از شما دانشمندترم یا شما از من؟ شما به کی تحکم می کنید؟» آن وقت ایشان یك تعبیر بدی کردند که من البته دیگر نمی خواهم آن تعبیر را بگویم چون ایشان یك قدری گاهی سخنش بی پروا و نامناسب مقام و منزلت ایشان بود که من دیگر همین طور گوشی تلفن را گذاشتم زمین و دیگر

[۴۰] آیت الله سید رضا فرید زنجانی، یکی از فعالان جبهه ملی ایران.

خجالت کشیدم که با ایشان سخنم را دنبال کنم.

دیگر رابطه ام هم با ایشان قطع شد. تا این که چند سال بعدش یکی از آقایان یزدی های هم شهری ما آمده بود در منزل ما و آقای کاشانی آمدند در منزل ما به دیدن او. وقتی که [آقای کاشانی] پا شدند بروند، من زیاد با ایشان صحبت [را] گرم نگرفتم – حال آن که آن جا میزبان بودم – چون که ایشان به بنده توجهی نداشتند. قهراً در هنگام رفتن بنده به رسم ادب احترام از ایشان کردم چون که بالاخره ایشان پیر مردی بود محترم. تا نزدیکی در رفتم به مشایعت ایشان – به احترام ایشان. ایشان در راه به من گفتند، «به تمام مقدسات عالم قسم حقانیت با من است. با دکتر مصدق نیست.» گفتم، «به تمام مقدسات عالم قسم که حقانیت با دکتر مصدق است. با شما نیست. این یک خاطره دیگر. ولی باید عرض کنم که الحق مرحوم آیت الله کاشانی مردی پاکدامن و شجاع بود، اما در روش های سیاسی خود به زودی و آسانی و شاید با یک استخاره تغییر رأی می داد.

ض ص: بله.

م ح: یک خاطره دیگر این که یک شبی من از خیابان پامنار رد می شدم (چون منزل آقای کاشانی در خیابان پامنار بود) و هنگامی بود که آقای کاشانی مریض شده بود. شنیدم که ایشان کسالت قلبی دارند. گویا شاه هم رفته بود آن جا برای عیادتشان. ما گفتیم ما از نزدیک های منزل ایشان رد شدیم. بعد هم یک سید پیرمرد بسیار محترمی که حقوقی زیاد به گردن مردم ایران دارد، ولو این که ما زیاد با همدیگر

آشنایی - یعنی رفاقت - آن طور نداریم و دوستی ما به هم خورده، ولی حالا بد نیست برویم یك عیادتی از ایشان بکنیم. شاید دلتنگی از ما داشته باشد. ما یك نوع دلجویی [بکنیم] - این دلتنگی آخر وقت از دل ایشان خارج بشود.

بالاخره رفتیم. رفتیم در یك بالاخانه ای که ایشان نشسته بودند روی تشك. زیر دست شان آقای مکی[۴۱] نشسته بود. آقای مکی را دیدیم آن جا زیر دست شان نشسته. من بالا آن طرف نشستم. آقای مکی بود و نفر سوم یك شیخی بود از امام جماعت های‌تهران: آقای آقا شیخ یوسف ایروانی. آن هم نفر سوم بود که توی آن اتاق بود. گویا الان هم هنوز آن آقا زنده است.

عرض کنم که آقای حسین مکی داشت با آقای کاشانی داد سخن می داد. آقای کاشانی هم خیلی خوشش می آمد از صحبت او. او می گفت که من اولین کسی بودم که شیر نفت را به روی انگلیس ها بستم و چه کار می کردم و از این قبیل سخنان حماسه آمیز. ما هم آن جا ساکت بودیم. هیچ حرف نمی زدیم. نه لا و نه نعم. عرض کنم، این آقای مکی از سکوت ما مثل این که یك قدری ناراحت شد. آقای مکی روی به بنده کرده و گفت، «بله، شما نظرتان چیه، جناب آقای حائری؟» آقای مکی از من نظر خواست.

ض ص: بله. بله.

م ح: گفتم آقای مکی، «ما در یك مرتع دیگری می چریم.» به همین لحن. گفتم، «ما در یك مرتع دیگری می چریم، غیر از آن

---

[۴۱] حسین مکی، نویسنده و نمایندهٔ مجلس دورهٔ پانزدهم مجلس شورای ملی از اراك و دوره های شانزدهم و هفدهم از تهران، یکی از مؤسسان جبهه ملی ایران که پس از چندی با دکتر مصدق به مقابله پرداخت.

مرتع شما. اصلاً من سخنان شما را نمی فهمم.»

ض ص: بله.

م ح: آقای مکی در حالی که از پاسخ من ناراحت بود، گفت، «بله، از سکوت شما روشنفکرهاست که ملتی بدبخت می شوند.» دقت کردید؟ [من هم] گفتم، «و یا از حماقت یك مشت رجال خلق الساعه که خیال می کنند که واقعاً رجولیت دارند. رجل هستند، ولی فکر نمی کنند که این مردانگی آنها، یا شهرت آنها به مردانگی، در اثر جریانات دیگری است - نه در اثر لیاقت و صلاحیت خودشان. آن جریانات سیاسی هم که رفع بشود مثل یك مشکی که درش را باز بکنند - پر از باد باشد - فوراً بادش خالی می شود.» دقت کردید؟

ض ص: بله.

م ح: «حماقت این گونه رجال هم دخالت در بدبختی های ملت ها دارد.» این آقای [مکی] خیلی تا پشت گوشش سرخ شد. سرخ شد و نتوانست حرف بزند. شروع کرد به گفتن، با عصبانیت به این که بسیار خوب، شما معتقدید به این که من به دور کلاهم مید این انگلاند (Made in England) [ساخت انگلیس] نوشته بود. به دور عمامهٔ آقای آیت الله کاشانی هم مید این انگلاند نوشته بود؟ من هم در پاسخش گفتم، «آقای آیت الله کاشانی را شما بیخودی همراه خودتان داخل نکنید. در کوران خود غرقش نکنید. ایشان موجود روحانی هستند. مقام شان را شما با خودتان مقایسه نکنید. آقای کاشانی مرد خوبی است و همه به ایشان اخلاص دارند، ارادت دارند. ولی شما آمدید ایشان را یك قدری از مسیر منحرف کردید. بالاخره، به قول آقای دکتر

غلامحسین صدیقی،[۴۲] اگر نهضت ملی ایران را تشبیه بکنید به سه پایه، یك پایه اش حداقل آقای کاشانی بودند که شما آمدید این پایه را خراب کردید. نهضت ملی ایران فروکش کرد - شما و آقای دکتر بقائی»[۴۳] صریحاً به ایشان گفتم.

### ملاقات آیت الله خمینی با محمد رضا شاه

ض ص: آقای دکتر حائری یزدی، شما دربارهٔ بهائی ها در ایران و نظر آیت الله بروجردی صحبت کردید. می خواستم ببینم آیا آیت الله بروجردی در آن جریان مبارزهٔ خیلی شدید و علنی با بهائی ها بعد از ۲۸ مرداد که منجر شد به خراب کردن گنبد حظیرة القدس نقشی داشتند؟

م ح: بله. نقش عمده را داشتند.

ض ص: اصلاً این [جریان] چه بود، آقا؟

م ح: عرض کنم که آن وقت آقای خمینی جزو نزدیکان آقای بروجردی بود و حتی معروف بود که وزیر خارجه آقای بروجردی است، هنوز رابطه اش با آقای بروجردی به هم نخورده بود، حداقل یك بار در آن قضیه، آقای خمینی از طرف آقای بروجردی به دربار رفت و شاه را ملاقات کرد. بعد [از] این که شاه را

---

[۴۲] غلامحسین صدیقی، استاد دانشگاه تهران، وزیر پست و تلگراف و تلفن و وزیر کشور کابینه مصدق.

[۴۳] مظفر بقائی کرمانی، استاد دانشگاه تهران، نمایندهٔ دوره های پانزدهم و شانزدهم مجلس شورای ملی از کرمان و دورهٔ هفدهم از تهران. یکی از مؤسسان جبهه ملی ایران که پس از چندی با دکتر مصدق به مقابله پرداخت، همچنین رهبر حزب زحمتکشان ملت ایران. نگاه کنید به خاطرات او در مجموعه تاریخ شفاهی ایران در دانشگاه هاروارد.

ملاقات کرد، من خودم ایشان را دیدم، آقای خمینی را دیدم. خودش برای من تعریف کرد. گفت که بله، من از طرف آقای بروجردی رفتم شاه را ملاقات کردم. در آن جلسه آقای خمینی واقعاً خیلی شاداب و نیرومند به نظر می رسید. [ آقای خمینی] به طوری که برای خود من نقل کرد، گفت، «بله، من به اعلی حضرت گفتم که شاه فقید، پدر تاجدار فقید شما، این گروه ضاله را داد به طویله بستند.» گویا رضا خان یک همچی کاری کرده بود.

ض ص: من یادم نیست چیزی راجع به این موضوع.

م ح: بله، کرده بود. من در جایی همین داستان را خوانده ام. اما یادم نیست کجا.

ض ص: بله، بفرمایید.

م ح: [آقای خمینی ادامه داد] «و الان هم مردم ایران همان جریان را از شما انتظار دارند.» این مطلبی بود که خود آقای خمینی برای بنده نقل کردند.

ض ص: بله.

م ح: آقای خمینی گفتند، «این جوان [شاه] آهی کشید و گفت، آقای خمینی شما الان را با آن وقت مقایسه نکنید. آن وقت همهٔ وزرا و همهٔ رجال مملکت از پدرم حرف شنوی داشتند. جرأت نمی کردند تخطی کنند. الان حتی وزیر دربار من هم از من حرف شنوی ندارد. من چه طور می توانم این کار را بکنم؟ من دیدم که ایشان راست می گوید. قانع شدم.»

## مبارزه با بهائیان

خلاصه مقصودم این بود که پاسخ سؤال شما را بدهم. آن وقت آقای بروجردی نقشه اش این بود که مقدار زیادی بهائی ها را که به نظر ایشان خیلی اخلالگری می کردند - حتی به امنیت مملکت ایران هم مخـل بودنـد - زیر کنتـرل اسـلام در آورد. جریانات خیلی بدی هم پیش آمـد کرده بود. با بیل و کلنگ در شهر یزد، در یکی از دهات یزد، پیرزن بیچاره ای را با نوه اش نصف شب رفته بودند تو خانه اش ریخته بودند کشته بودند همین بهائی ها و از این گونه کارها بسیار می کردند.

ض ص: بهائی ها این کار را کرده بودند؟

م ح: بله. بله.

ض ص: در یزد؟

م ح: بله، در یزد. این جریان خیلی وخیمی اتفاق افتاده بود. خیلی واقعاً دردناک بود. با بیل و کلنگ!

ض ص: بله.

م ح: برای این که آن زن مثلاً روی عقاید مذهبی خودش یک آه و ناله می کرده. مثلاً نفرین می کرده به اینها.

ض ص: بله.

م ح: عرض کنم که آقای بروجردی با شاه توطئه کرده بود که یک مقدار زیادی اینها را کنتـرل کند. از جمله این کـه مـرکـز تبلیغاتشان را که همان حظیرة القدس در خیابان حافظ است، تعطیل نماید.

ض ص: دقیقاً یادم نمی آید الان.

م ح: بله، مثل این که در خیابان حافظ است. عرض کنم، آن

جا را تعطیل کند. دقت کردید؟

ض ص: بله.

م ح: آن وقت به همین مناسبت تصمیم [به] توطئه گرفتـه بودنـد، توطئـه چیـده بودنـد با خـود شـاه کـه ایـن کـار را بکننـد. به فلسفی هم دستور داده بودند که برود بالای منبر، توی ملت، مـاه رمضان، در مسجد شاه، مردم را آماده برای این کار بکند. و ایـن کار را هم کردند - تا آن جایی که توانستند و تا آن جایی که شاه موافقت کرد. و گویا در یک مقطعی رسید کـه دیگر شاه و دولت کوتاه آمد[ند] و دیگر این کار هم متوقف شد.

## جلسهٔ دوم: شنبه ۱۵ بهمن ۱۳۶۷ برابر ۴ فوریه ۱۹۸۹

### نقش آیت الله بروجردی در سیاست

ض ص: آقای حائری یزدی، ما بیشتر بخش اول مصاحبه را راجع به دستگاه روحانیون در ایران صحبت کردیم و بالاخص در ارتباط با آقای آیت الله بروجردی. می خواستم از حضورتان تقاضا بکنم آنچه که شما به خاطر دارید از دستگاه آیت الله بروجردی برای ما شرح بدهید. همچنین به نظر می آید که آقای بروجردی یك دستگاه دولت در کنار دولت داشته. این جریانش چه گونه بوده، تا آن جایی که حافظه شما یاری می کند.

م ح: عرض کنم که مرحوم آقای آیت الله بروجردی شخصیت خیلی بزرگواری بود، هم از نظر علمی و فقهی و هم از نظر مرغوبیت و اشتهار و محبوبیت در بین - تقریباً می شود گفت - تمام جوامع ایرانی های ما، بخصوص در بین طوایف لُرها که در طرف بروجردو آن جاها بودند، اینها همه واقعاً جزو مریدهای ایشان بودند. و حتی پیش از این که [آیت الله بروجردی] بیایند به قمو در بروجرد بودند (در زمان رضا شاه پهلوی). رضا شاه پهلوی از ایشان خیلی ملاحظه داشت، به علت این که ایشان ارتباطات عمیق و محبوبیت بین لُرها داشتند. آنها خیلی ارادتمند بودند به ایشان. و بالاخره اگر ایشان ناراحت می شد، یك ناراحتی سیاسی و اجتماعی در طرف لرستان و آن حدود به وجود می آمد. و حتی خیلی پیش از این که بیایند به قم، در بروجرد که ایشان بودند، گویا در همان

اوایل سلطنت رضا شاه پهلوی (این را بنده شنیدم و معروف است) ایشان یك مسافرتی می کنند از ایران به عتبات عالیات. و بعد در هنگام بازگشتن، در مرز ایران و عراق ایشان را رضا شاه پهلوی می گیرد و تبعید می کند به مشهد. مدتی در تبعیدگاه بودند در مشهد - در همان اوایل سلطنت رضا شاه پهلوی.

به علت این که این داستان را من از خودشان شنیدم در قم، از ایشان سؤال کردم شما به چه علت تبعید شدید به وسیله رضا شاه؟ فرمودند که در هنگامی که در نجف بودم، در اثر سوابق دوستی و آشنایی با مراجع آن جا (البته خودشان آن هنگام مرجع نبودند. [مراجع] مرحوم نائینی و مرحوم آقا سید ابوالحسن [اصفهانی] بودند در نجف و مرحوم پدرم [که] در قم زندگی می کرد.) ایشان که رفته بودند نجف، به ملاحظهٔ این که، خوب، معاشرت داشتند و هم درس بودند با آن آقایان، خیلی ارتباط داشتند و رفت و آمد شبانه، جلسه و این قبیل مراودات معمولی داشتند. گه گاهی هم در توی جلسات دسته جمعی شان مذاکراتی راجع به سیاست ایران و وضع ایران می کردند. دقت کردید؟

ض ص: بله.

م ح: و آن وقت [در] این مذاکرات سیاسی، آنها گه گاهی مثلاً از تندروی های رضا شاه پهلوی صحبت می کردند و اینها را جاسوس های رضا شاه راپورت می دهند به آن جا برای ایشان. وقتی که می آیند و برمی گردند به ایران، در مرز ایشان را جلب می کنند و تبعید می کنند به مشهد. بعد، بالاخره بعد از

یک سال، دو سال که در مشهد بودند، سوءتفاهم بین رضا شاه و ایشان برطرف می شود و با تجلیل و احترام ایشان را وارد می کنند به تهران و در تهران هم ایشان را رضا شاه دعوت می کند به دربار و ملاقات می کنند با رضا شاه و به اصطلاح آن وقت مسائل یک قدری حل می شود. بعد می آیند و می روند [به] بروجرد.

آن هنگامی بوده که مرحوم پدر ما [آیت الله عبدالکریم حائری یزدی] در قم بودند و پدرم به اصطلاح مرجع تقلید و رئیس حوزهٔ علمیه بودند. آقای بروجردی نه مرجع بودند و نه اصلاً ارتباطی با حوزهٔ علمیهٔ قم داشتند.

[سال ها] بعد از فوت پدرم، عرض کنم که، یک عده از آقایان اساتید نسبتاً شاخص قم که از جمله مثلاً مرحوم برادر من و خود من و اینها بودیم و همین آقای خمینی و دیگران بودند، اینها احساس خلائی کردند در حوزه، که در اثر نبودن سرپرستی، بهتر این است که ما دعوت کنیم و به هر وسیله ای هست آقای بروجردی را از بروجرد بیاوریم به قم. البته یکی دو نفر بودند که به اصطلاح نیمه مرجع، خیلی کم مرجع بودند، مختصری، مثل مرحوم آقا سید محمد حجت، مرحوم آقای صدر و آقا سید محمد تقی خوانساری. ولیکن اینها طوری نبودند که به اصطلاح یک نفوذ و یک برجستگی زیادی داشته باشند. بالاخره اینها دست دوم بودند: در عِداد و هم ردیف آقای بروجردی نبودند. از این جهت مترصد این بودیم که آقای بروجردی را به هر وسیله ای باشد بیاوریم به قم.

من خودم رفتم بروجرد و از ایشان تقاضای آمدن به قم کردم

و در آن هنگام تقاضای مرا اجابت نکردند. بعد از یك سال، ایشان در اثر پاره شدن فتق و بیرون ریختن فتق و کسالت های ناشی از این مرض، از بروجرد آمدند به تهران در مریض خانهٔ فیروزآبادی برای این که فتقشان را عمل کنند. در همان مریض خانه عمل کردند و عرض کنم که اگر یادتان باشد محمد رضا شاه پهلوی هم در همان مریض خانه به عیادت ایشان رفت.

در این هنگام بود که ما دو مرتبه تقاضای خودمان را تکرار کردیم. من هم خودم باز دو مرتبه حامل پیام بودم - هم [از طرف] خودم و هم از طرف دیگران.

ض ص: از جانب کی حامل بودید؟

م ح: از طرف همین اساتید حوزهٔ علمیهٔ قم. یعنی از قم به تهران به مریض خانه فیروزآبادی رفتم و به ایشان عرض کردم، «حالا دیگر موقع اجابت درخواست هاست که شما به جای این که برگردید بروجرد، [به قم بیایید.] آن جا[در بروجرد] حوزه ای نیست. آن جا خبری نیست. دور دست هم هست. کسی خلاصه نمی تواند از شما استفاده کند. حقش این است که دیگر از بروجرد صرف نظر کنید و تشریف بیاورید [به] قم.» آن گاه بود که ایشان اجابت فرمودند و بعد از این که بهبودی پیدا کردند از جراحی فتق، آمدند به قم. آمدند به قم و درس [را] شروع کردند و خلاصه آن جا اقامت کردند.

قبل از آقای بروجردی، مرحوم آقا سید ابوالحسن اصفهانی آخرین فردی از مراجع گذشته بود که در نجف بود. ایشان فوت کرد[۴۴] و کل مرجعیت شیعه منتقل شد به آقای بروجردی در قم.

---

[۴۴] آیت الله ابوالحسن اصفهانی در ۹ آذر ۱۳۲۵ (۵ نوامبر ۱۹۴۶)

دقت کردید؟

ض ص: بله. بله.

م ح: این از نظر تاریخ ورودشان به قم. و اما ارتباط شان با دولت، همین طوری که عرض کردم، از ابتدا در اثر همین که ایشان نفوذ داشتند با بعضی از طوایف داخل ایران – لُر و اینها – از ابتدا یک نوع ارتباطی با دولت داشتند و دولت با ایشان. دولت از ایشان تقریباً حساب می برد، از لحاظ این که، خوب، مورد توجه و نفوذ این طوائف بود و همیشه دولت در آرامش منطقه از وجود ایشان استفاده می کرد.

ض ص: بله. الان این دولتی که می فرمایید مال زمان رضا شاه است؟

م ح: رضا شاه بله.

ض ص: بله.

م ح: مال زمان رضا شاه. و آن وقت بعد همین جریان تبدیل شد به یک وضع گسترده تری، یعنی آن وقت، تا موقعی که ایشان بروجرد بودند تقریباً یک نفوذ محلی داشتند، خوب، محلی، خیلی محلی کوچکی هم نبود. مثلاً تمام بروجرد و تمام خرم آباد و آن حدود تمام زیر نفوذ معنوی ایشان بود.

بعد که آمدند در قم و مرجع شدند دیگر در حقیقت نفوذشان گسترده شد. به همین ملاحظه، ملاحظهٔ دولت هم از ایشان بیشتر شد. آن وقت علاوه بر این ایشان همین طوری که در جلسهٔ پیش عرض کردم، در مسائلی که احتیاج به دولت داشت و می خواست که از دولت کار بگیرد، در حقیقت، خیلی ارتباط با

در گذشت.

دولت داشت و سعی می کرد که حرف خودش را [به] کرسی بنشاند به هر وسیله ای شده. و جنبهٔ آمریت و حاکمیت نسبت به دولت داشت در آن مسائل مذهبی مثل مبارزه با بهائی ها. از این گونه اتفاقاتی که آن روز عرض کردم. عرض کنم که مثل سایر مسائل که جنبهٔ مذهبی داشت و از ایشان می آمد. ایشان در کار[های مذهبی مربوط به] خودش مداخله می کرد و از دولت می خواست. به همین جهت معتقد بود - روی همین اصل معتقد بود - که همیشه بایستی یك ارتباط سیاسی با دولت داشته باشد. بر اساس همین تز و همین مطلب ایشان همیشه سعی می کردند در دوره های انتخاباتی سه چهار تا، دو سه تا، وکیل برود مجلس که از طرف ایشان باشد، یعنی در حقیقت نمایندگان ایشان باشند که بتوانند خواست های ایشان را از پیش ببرند.

ض ص: حتی در زمان رضا شاه؟

م ح: حتی در زمان رضا شاه. بله. بعدش دیگر مسائل دیگری پیش آمد.

ض ص: پس اواخر سال های سلطنت رضا شاه، روابط دستگاه سلطنت با دستگاه مذهبی حسنه بود.

م ح: تا اندازه ای البته بسیار محدود. در اواخر رضا شاه مادامی که مسئلهٔ حجاب و مسئلهٔ کلاه و اینها پیش نیامده بود، خیلی بد نبود.

ض ص: بله.

م ح: روابط رضا شاه با پدرم تا هنگام کشف حجاب و داستان مسجد گوهرشاد مشهد مقدس[۴۵] نه شکوفان بود، نه تیره.

---

[۴۵] نگاه کنید به: حبیب لاجوردی، خاطرات امیر تیمور کلالی (کمبریج:

ض ص: شما خاطرات خاصی از این رویدادهای تاریخی دارید؟ [مثل] عوض کردن لباس، کشف حجاب؟

م ح: حالا اینها مسائل مختلفی است که نمی خواهم با هم قاطی بشود. دقت کردید؟

ض ص: بله. بله.

م ح: ولی بعد از این مسئلهٔ حجاب و مسئلهٔ کلاه و اتحاد شکل [لباس] و این حرف ها، روابط دستگاه های مذهبی [با] رضا شاه یك قدری متارکه بود. پدرم خیلی بیش از دو، سه سال پیش از [استعفاء] رضا شاه فوت کرد، ولی تا هنگام [پیش آمدن] صحبت هایی از کشف حجاب و اتحاد شکل [لباس] روابط بین شاه و روحانیت بر اساس احترام متقابل بود. بنده خودم از مرحوم صدرالاشراف[۴۶] شنیدم، که می گفت رضا شاه خیلی علاقهٔ شدیدی به آقای آقا شیخ عبدالکریم پدر من داشت و معتقد بود که ایشان در بین سایر علماء مستثنی است. ولی رفته رفته این روابط مبدل به تیرگی شد و پس از آن تلگراف تهدید آمیز معروف ایشان در مسئله حجاب روابط به کلی قطع گردید و از آن پس تمام زندگی و رفت آمدهای پیش پدر سخت زیر کنترل

---

مرکز مطالعات خاورمیانه دانشگاه هاروارد، ۱۳۷۸)، ص ۲۵۹-۲۶۲.

[۴۶] محسن صدر (صدرالاشراف)، دادستان دیوان عالی کشور، وزیر دادگستری، ۱۳۱۲-۱۳۱۵ (۱۹۳۳-۱۹۳۶) و ۱۳۲۲-۱۳۲۳ (۱۹۴۳-۱۹۴۴)؛ نمایندهٔ دوره های یازدهم تا سیزدهم مجلس شورای ملی از کمره، محلات و خمین؛ نایب التولیه مدرسهٔ عالی سپهسالار، ۱۳۲۲ (۱۹۴۳)؛ نخست وزیر، ۱۳۲۴ (۱۹۴۵)؛ وزیر دادگستری، ۱۳۲۷ (۱۹۴۸-۱۹۴۹)؛ نمایندهٔ انتصابی دوره های دوم و سوم مجلس سنا از مشهد، رئیس مجلس سنا، ۱۳۴۱-۱۳۳۶ (۱۹۵۷-۱۹۶۲). در ۲۷ مهر ماه ۱۳۴۱ (۱۸ نوامبر ۱۹۶۲) در سن ۹۰ سالگی درگذشت.

شدید مقامات امنیتی قرار گرفت. به هر حال، مسئله راجع به مرحوم آقای بروجردی بود.

ض ص: بله. بله. نقشی که ایشان داشتند در مقابل دولت و شاه از یک سو و طوایف سنتی ایران از سوی دیگر.

م ح: آن وقت ایشان سعی می کرد حداقل نمایندگان، در آن هنگامی که قم بود، نمایندگان مجلس قم، بروجرد، اراک، شاید هم خرم آباد، و توابع آن حدود، همه را با نظر ایشان [آیت الله بروجردی تعیین کند]. البته نه این که رسماً و به طور صریح، به طور پیغام. مثلاً [آیت الله بروجردی] به شاه یا به دولت پیغام می داد که فلان کس مورد نظر من است و بایستی که انتخاب بشود.

ض ص: بله. بله.

م ح: و این هم به همین منظور بود که به اصطلاح رابطه اش را با دولت همیشه محفوظ نگاه دارد و در حقیقت یک جا پایی داشته باشد که بتواند حرف های خودش را در مواقع لزوم پیش ببرد. ولی در موارد دیگر به هیچ وجه مداخله نمی کرد، به طور کلی، مگر در یک جریانات کلی، که یادم هست، که آن وقت با دولت هماهنگی پیدا می کرد. [مثلاً] یک مداخلهٔ عمومی کرد که بسیار خوب بود و آن قضیهٔ آذربایجان بود. [47]

---

[47] در سال ۱۳۲۴ (۱۹۴۵) آذربایجان در اشغال قوای اتحاد جماهیر شوروی بود و جعفر پیشه وری با حمایت آنان در آذربایجان حکومت خودمختار تشکیل داد. حتی قبل از آغاز این بحران، دولت شوروی اصرار داشت امتیاز نفت شمال ایران به آن کشور واگذار شود. نوید های احمد قوام نخست وزیر که مجلس پانزدهم امتیاز نفت شمال را تصویب خواهد کرد، همراه با فشار بین المللی منجر به امضاء موافقت نامه جامعی میان اتحاد جماهیر شوروی و ایران در ۱۶ فروردین ۱۳۲۵ (۵ آوریل

ض ص: بله.

م ح: بله. در مسئله آذربایجان، قوام السلطنه به ایشان پیغام داد که الان چون در کار انتخابات آذربایجان مسئله هست و به علاوه ما با روسیه راجع به نفت شمال قرارداد بستیم که آن قرارداد را به مجلس پانزده ببریم و الان قضیهٔ آذربایجان است و بدون [شرکت] آذربایجان در انتخابات، نباید [در سایر استانهای ایران] انتخاب بشود، احتیاج [هست] به این که آیت الله بروجردی انتخابات را تحریم بکنند.

ض ص: انتخابات کشور را به طور کلی؟

م ح: به طور کلی تحریم بکنند، به همین دلیلی که آذربایجان مسئله دارد و نمی تواند بدون حل مسئله اقدام به انتخابات نماید.

ض ص: [یعنی آذربایجان] در اشغال است.

م ح: در اشغال است.

ض ص: بله.

---

۱۹۴۶) گردید که شامل تفاهمی بود مبنی بر این که نیروهای شوروی ظرف یک ماه ایران را ترک کنند. در اوایل آبان ۱۳۲۵ (اکتبر ۱۹۴۶) پس از انتشار اطلاعیه انتخابات برای مجلس پانزدهم، قوام اصرار ورزید که پیش از رأی گیری در آذربایجان باید بازرسانی که از تهران اعزام می شوند اجازه یابند که آزادانه به تمام نقاط استان آذربایجان سفر کنند. در ۲۱ آذر ۱۳۲۵ (۱۲ دسامبر ۱۹۴۶) برای اجرای این تصمیم نیروهای ایران وارد آذربایجان شدند. این درگیری ظرف چهل و هشت ساعت به پایان رسید و پیشه وری با شماری از همکارانش به اتحاد جماهیر شوروی گریخت. مجلس پانزدهم قرارداد نفت شمال را پس از توصیه خصوصی قوام رد کرد. نگاه کنید به: حبیب لاجوردی، اتحادیه های کارگری و خودکامگی در ایران (تهران: نشر نو،۱۳۶۹) ص ۱۰۱ و ۲۰۰– ۱۹۹.

م ح: و آقای بروجردی این کار را کرد. آقای بروجردی افراد را فرستاد به تمام شهرستانهای ایران. از علمای آن جا خواست که به ایشان تلگراف بکنند که تا آذربایجان آزاد نشده، انتخابات را دولت شروع نکند. این تلگرافات از همدان، از کرمانشاه، از مشهد، از جاهای دیگر، همه جا غیر از آذربایجان، این تلگرافات شد. و لذا ایشان هم همین کار را کرد. انتخابات را تحریم کرد و با دولت همکاری کرد تا مسئلهٔ آذربایجان حل شد. آن وقت انتخابات را شروع کردند. دقت کردید؟

ض ص: بله.

م ح: عرض کنم که خلاصه آقای بروجردی این طور رابطه داشت. به همین دلیل است که عرض کردم که رابطهٔ آقای بروجردی با دولت وقت به نظر بنده نه خصمانه بود و نه رابطهٔ ارباب رعیتی بود - یك رابطهٔ بده و بستانی بود. دقت کردید؟ با همدیگر جور در می آمدند و کنار می آمدند، تا هنگامی که ایشان بود. اتفاقاً این رابطه ادامه داشت تا آخر زمان [رضا شاه]. با محمد رضا شاه پهلوی هم تقریباً همین گونه رابطه را داشتند. محمد رضا شاه پهلوی به وسیلهٔ مرحوم قائم مقام الملك رفیع[۴۸] که سناتور بود، همشهری شما[۴۹] هم بود، اغلب مطالبش را با ایشان حل می کرد، به وسیلهٔ قائم مقام یا به وسیلهٔ صدرالاشراف.

---

[۴۸] حاج آقا رضا شریعت زاده رفیع (قائم مقام الملك)، نمایندهٔ دوره های پنجم، ششم، چهاردهم، پانزدهم، شانزدهم و هفدهم مجلس شورای ملی از طوالش و دوره های هفتم و دوازدهم از بندر پهلوی و نمایندهٔ انتصابی دوره های دوم و سوم سنا از تهران.

[۴۹] منظور شادروان ضیاء صدقی است.

ض ص: بله.

م ح: البته دو سه تا وکلای مجلس هم بودند که [با آیت الله بروجردی] مربوط بودند. ولی مطالبی که می خواست مستقیماً با شاه حل بکند، این دو نفر رابط شان بودند: یا مرحوم قائم مقام الملک رفیع بود و یا صدرالاشراف.

ض ص: در مصاحبه ای که چندین سال پیش با آقای بنی صدر داشتم اتفاقاً اسم این دو نفر را ذکر کرد و می گفت که آیت الله بروجردی برای شاه توسط آقای حاج آقا رضا رفیع قائم مقام الملک پیغام داده بود که خلاصه اگر به حرف من گوش نکنی، کاری می کنم که از مملکت بیندازندت بیرون. آیا واقعاً ارتباط این طوری بود بین شاه و روحانیت؟

م ح: من اطلاع ندارم. من اطلاع ندارم.

ض ص: بله.

م ح: فکر می کنم این لحن آقای بروجردی نیست.

ض ص: بله.

م ح: البته من نمی خواهم آقای بنی صدر را تکذیب بکنم، ولی بنده هرگز چنین کلماتی در مورد هیچ کس از آقای بروجردی نشنیده ام.

ض ص: بله، شما اطلاع ندارید.

م ح: آقای بروجردی خیلی مؤدب بود. خیلی مؤدب بود. به هیچ وجه من از ایشان یک همچنین لحنی را نشنیدم، نسبت به هیچ کس سراغ ندارم. شاید موقعیتی پیش آمده باشد که ایشان این گونه سخن گفته باشد. خدا داناتر است.

ض ص: بله.

م ح: دقت کردید؟

**کشف حجاب و رویداد مسجد گوهرشاد**

ض ص: بله. آقای حائری یزدی، یك خرده برگردیم به عقب از نظر تاریخی. اشکالی ندارد در جریان مصاحبه ما. من می خواستم از حضورتان تقاضا کنم شما چه خاطراتی از جریان کشف حجاب و جریان مسجد گوهرشاد دارید؟ ارتباط دستگاه سلطنت [با روحانیت] بعد از واقعهٔ مسجد گوهرشاد چه گونه بود؟ و این آقای بهلول[۵۰] که در آن جا سخنرانی می کرد، کی بود؟ از کجا آمده بود؟ سابقهٔ ایشان چه بود؟

م ح: بهلول یك شیخی بود که اهل نیشابور بود، مثل این که. بله، اهل نیشابور بود و تحصیلاتی هم نداشت. فقط حافظهٔ قوی ای داشت.

ض ص: شما دیده بودیدش؟

م ح: بله. بله. حافظهٔ قوی ای داشت. خیلی حافظه اش فوق العاده بود. آمد در قم ولی نه برای درس خواندن، برای منبر رفتن و اینها، و چون که به یك وضع خاصی منبر می رفت، خیلی جلب توجهٔ مردم عامی را کرده بود.

ض ص: این وضع خاص چه بود، آقا؟

م ح: و آن این بود که مثلاً پیش از رفتن بر بالای منبرتمام

[۵۰] شیخ محمد تقی بهلول، پسر نظام الدین، واعظ معروف و خوش بیان. برای شرح مفصل فاجعه مسجد گوهرشاد نگاه کنید به: محمد حسن بن محمد تقی خراسانی، شهیر بهروی الحدیقه الرضویه، تاریخ مشهد (مشهد: شرکت چاپخانه خراسان، ۱۳۲۶ شمسی)، ص ۲۵۹ (موجود در کتابخانه دانشگاه پنسیلوانیا).

لباسش را می کند و [قطع کلام].

ض ص: بالای منبر؟

م ح: بله از همین پایین وقتی می رفت بالای منبر، با یک لا پیراهن، یا نمی دانم زیر شلوار کرباسی. خلاصه، همین لخت می رفت بالای منبر و آن وقت حرف هم که می زد، یک حرف های خیلی عادی و خنده آور و این گونه می زد. این بود که جلب [نظر] کرده بود و آن وقت یک کارهای عجیب و غریب دیگر هم می کرد که خیلی جالب توجه مردم عامی بود. مثلاً، راه [ها را پیاده] می رفت. این طور که خودش مدعی بود و مردم هم شهادت می دادند، می گفتند می دیدیم، مثلاً خیلی کم سوار ماشین می شد. همین طور عمداً، نه این که پول نداشت. مردم می گفتند که از تهران تا قم پیاده آمده است.

ض ص: از تهران تا قم پیاده؟

م ح: بله، شاید از مشهد تا تهران. خلاصه، از این کارها. خیلی آدم محکم، خیلی قوی ای بود. از نظر جسمی خیلی قوی بود.

ض ص: بله.

م ح: و آن وقت یک حافظهٔ عجیبی داشت. من اتفاقاً یادم هست که من در سرداب، در زیرزمین بیرونی مرحوم پدرم بودم در آن زمان و این شیخ آمد آن جا که ایشان را ببیند. ایشان در اندرون بودند و [او] نتوانست [نزد پدرم] برود، آمد توی زیرزمین. من توی زیرزمین دستم کتاب کلیله و دمنه بود. او گفت این چه کتابی است می خوانی؟ گفتم کلیله و دمنه است. و گفتم که من شنیده ام شما حافظه تان خوب است. ممکن است که

٧١

امتحانتان بکنم؟ گفت بسیار خوب. امتحان بکن. من همین طوری استخاره وار لای *کلیله* و دمنه را باز کردم و یك مرتبه خواندم برایش و یا خودش خواند، یادم نیست. یا من خواندم. آن وقت من کتاب را گرفتم [و او] از سر صفحه تا آخر بدون کم یا هیچ غلطی خواند! دقت کردید؟

ض ص: بله.

م ح: حافظه اش به نظر من خیلی عجیب بود. بله. آن وقت این یك مقداری این ور و آن ور، تهران و قم و این جاها منبر رفت و خیلی جلب نظر کرد و در همین هنگام بود که رفت مشهد و مسائل مشهد و مسجد گوهرشاد پیش آمد کرد. خوب، با همان شکلی هم که منبر می رفت، عدهٔ زیادی را تو مسجد گوهرشاد جمع کرده بود و خوب، آن وقت حملهٔ به دولت و انتقاد از دولت راجع به حجاب و این حرف ها کرده بود که بعد هم کشیده شد به آن قضیهٔ توپ بستن به مسجد گوهرشاد و عدهٔ زیادی معلوم بود که زنده زنده به گور کردند. به نظر من این یکی از گناهان نابخشودنی و تاریخی رضا شاه بود.

ض ص: این طوری که شنیده ام، بله.

م ح: بله، من خودم از یکی از مشهدی ها شنیدم. این که حالا راست می گفت یا دروغ، والله چه عرض کنم. مثل این که راست هم می گفت. خودش می گفت که «رفتم به عنوان حمال» آن شخص می گفت، «مرا استخدام کردند. رفتم آن جا. از زیر منبر افرادی که هنوز داشتند نفس می کشیدند آوردم بیرون که ببرند برای دفن.»

ض ص: به عکس العمل دستگاه مذهبی مثلاً پدر شما، آقای

بروجردی، دیگران نسبت به این عمل چه بود؟

م ح: عکس العمل پدر من: تلگراف خیلی تندی به رضا شاه کرد از قم که این مسائلی که دارد واقع می شود برخلاف مذهب است و خلاف مصالح خود ایران است. عرض کنم حضورتان که من دیگر سکوت را جایز نمی دانم. درست یادم نیست، اما می دانم از این عبارت شدیدتر هم بود.

یادم هست که، اتفاقاً خوب یادم هست که، آن را رضا خان خودش جواب نداد. فروغی[51] جواب داد به جای رضا شاه. به جای رضا شاه، فروغی جواب داد. سه، چهار صفحه، چهار تا پنج صفحه جواب تلگراف فروغی بود. ای کاش من آن صورت تلگراف را - نمی دانم گم شد، کی برداشت - حفظش کرده بودم. بعدها هر چه گشتم به دست نیاوردم. خیلی گشتم. به دست نیاوردم. و یك مسائل عجیبی فروغی در آن جا تذکر داده بود به ایشان.

ض ص: هیچ چیزی به یاد می آورید از آن؟

م ح: چرا، از جمله نکته ای که جالب بود و هنوز به یادم هست در آن تلگراف، مرحوم فروغی گفته بود به این که، بله، این یك سلسله جریاناتی است که پس از بازگشت شاه از

---

[51] محمد علی فروغی (ذکاءالملك)، معلم احمد شاه، ۱۲۸۸ (۱۹۰۹)؛ نمایندهٔ دوره های دوم و سوم مجلس شورای ملی از تهران، وزیر دارایی، وزیر دادگستری، وزیر امور خارجه، وزیر جنگ، وزیر اقتصاد، نخست وزیر، ۱۳۰۴-۱۳۰۵ (۱۹۲۵-۱۹۲۶)،۱۳۱۲-۱۳۱۴ (۱۹۳۳-۱۹۳۵) و ۱۳۲۰ (۱۹۴۱-۱۹۴۲) و وزیر دربار، ۱۳۲۰-۱۳۲۱ (۱۹۴۲). در ۵ آذر ۱۳۲۱ (۲۶ نوامبر ۱۹۴۲) در گذشت.

ترکیه،[52] ارادهٔ - همین کلمه بود - ارادهٔ سنیهٔ ملوکانه تعلق گرفته که این کارها بشود. و هر چه هم خلاصه ما می گوییم، یا - نمی دانم چیز است - هر قدر هم برخلاف مذهب یا خلاف مصلحت کشور باشد، بالاخره چون ارادهٔ سنیه تعلق گرفته، باید بشود. از جمله چیزهایی که تذکر مفید واقع نشد [ولی] چون ارادهٔ سنیه تعلق گرفته بود، انجام گرفت و باید بقیه اش هم انجام بگیرد، مسئلهٔ راه آهن بود. راه آهن سرتاسری را آن جا اشاره کرده بود. راه آهن سرتاسری، با این نقشهٔ خاصی که انجام می شود، به نظر بعضی ها مورد مصلحت نبود ولیکن چون ارادهٔ سنیه تعلق [ناتمام]. آن وقت بنده تعجب کردم. همه هم تعجب کردند که چه طور فروغی با این آزادی انتقاد کرده، ارادهٔ سنیه را.

ض ص: بله.

م ح: عرض شود که اتفاقاً یك هفته هم نکشید. یك هفته یا دو هفته بعد از این تلگراف، فروغی از کار افتاد و به جایش نمی دانم کی شد. جم شد، مثل این که محمود جم[53] نخست وزیر شد.

---

[52] رضا شاه از تاریخ ۱۲ خرداد تا ۲۰ تیر ۱۳۱۳ (۲ ژوئن تا ۱۱ ژوئیه ۱۹۳۴) از ترکیه بازدید کرد.

[53] محمود جم (مدیرالملك)، وزیر امور خارجه، ۱۲۹۹-۱۳۰۰ (۱۹۲۱)، سه بار وزیر دارایی، ۱۳۰۰-۱۳۰۳ (۱۹۲۱-۱۹۲۴)، معاون نخست وزیر، ۱۳۰۴-۱۳۰۵ (۱۹۲۵-۱۹۲۶)؛ استاندار کرمان، ۱۳۰۶ (۱۹۲۷)؛ استاندار خراسان، ۱۳۰۷ (۱۹۲۸)؛ وزیر فوائد عامه ۱۳۰۷-۱۳۰۸ (۱۹۲۸-۱۹۲۹)، وزیر کشور، ۱۳۱۲-۱۳۱۴ (۱۹۳۳-۱۹۳۵)؛ نخست وزیر، ۱۳۱۴-۱۳۱۸ (۱۹۳۵-۱۹۳۹)؛ وزیر دربار، ۱۳۱۸-۱۳۲۰ (۱۹۳۹-۱۹۴۱)؛ سفیر ایران در مصر، ۱۳۲۰-۱۳۲۶ (۱۹۴۱-۱۹۴۷)؛ وزیر جنگ ۱۳۲۶ (۱۹۴۷)؛ وزیر دربار ۱۳۲۶-۱۳۲۷ (۱۹۴۷-۱۹۴۸)؛ استاندار آذربایجان، ۱۳۲۷ (۱۹۴۸)؛ نمایندهٔ انتخابی دوره های دوم و سوم و نمایندهٔ انتصابی دوره های چهارم و

عرض کنم که این یك عکس العمل.

عکس العمل دیگر، مسافرت آقای آیت الله قمی، حاج آقا حسین قمی[۵۴] پدر این حاج آقا حسن[۵۵] که الان در مشهد زیر نظرهست. البته او هم از علماء بود ولی جزو مراجع تقلید در آن وقت نبود، به هیچ وجه. ولی جزو علمای محترم مشهد بود. او آمد از مشهد به تهران و به خاطر این که شاه را ملاقات بکند و از او خواهش بکند که این کارها را نکند. دقت کردید؟ حضوراً از او درخواست بکند که از این کار صرف نظر کند.

ض ص: بله.

م ح: مثل این که آیت الله حاج آقا حسین قمی احساس کرده بود که رفتن و بست نشستن یا قال و قیل برپا کردن در توی مسجد گوهرشاد فایده ندارد. بهتر این است که خودش شخصاً از مشهد برود به تهران و از شاه تقاضای ملاقات بکند و مثلاً از ایشان حضوراً درخواست بکند که این کار صلاح نیست، نکنید. ولی به محض ورود آقای قمی به تهران ایشان را بردند به شاه

---

پنجم مجلس سنا از کرمان. در ۱۹ مرداد ۱۳۴۸ (۱۰ اوت ۱۹۶۹) در تهران در گذشت.

[۵۴] آیت الله حاج حسین قمی طباطبائی، متولد قم در سال ۱۲۸۲ هجری قمری (۱۲۴۴ ش و ۱۸۶۵ م)، در سال ۱۲۹۲ شمسی (۱۹۱۳) مقیم مشهد گردید و به تدریس پرداخت. به خاطر مخالفت با برنامه های رضا شاه از ایران به کربلا تبعید شد پس از درگذشت آیت الله اصفهانی مرجع تقلید گردید. در ۱۷ بهمن ۱۳۲۵ (۶ فوریه ۱۹۴۷) در بغداد درگذشت.

[۵۵] آیت الله حاج حسن قمی طباطبائی، فرزند آیت الله حاج حسین قمی، متولد نجف در سال ۱۲۹۰ (۱۹۱۱)، دوران جوانی را در مشهد گذراند و در سال ۱۳۱۴ (۱۹۳۵) به همراه پدرش به نجف رفت. در سال ۱۳۲۷ (۱۹۴۸) به مشهد برگشت و به تدریس پرداخت. پس از درگذشت آیت الله هادی میلانی مرجع تقلید برخی از شیعیان گردید.

عبدالعظیم و در شاه عبدالعظیم آن جا محاصره کردند. بعد هم پاسپورت برایش حاضر کردند و فرستادندش، تبعیدش کردند به کربلای معلا، بدون این که ملاقات بکند.

این دو جریان، دو عکس العمل در آن زمان [مکث] به نظر بنده این دو عکس العمل بوده ولیکن بیشترش را من اطلاع ندارم، اگر هم بوده. الان در خاطرم نیست.

### رهبر شیعیان جهان و مرجع تقلید

ض ص: آقای دکتر حائری یزدی، می خواهم از حضورتان تقاضا کنم یک موضوعی را برای من توضیح بدهید و این مسئلهٔ رهبر شیعیان جهان و مرجع تقلید بودن است. برای یک آدم عامی این جوری مطرح می شود که در مذهب شیعه مراجع تقلید زیادند. تا آن جایی که من اطلاع دارم، هر مسلمان شیعه ای می تواند که مرجع تقلیدش را انتخاب بکند. ولی گاهی وقت ها، برای بعضی ها، این اصطلاح «رهبر شیعیان جهان» را در ارتباط با مرجع تقلید به کار می برند. این چه گونه است؟ آیا واقعاً آقای آیت الله بروجردی رهبر شیعیان جهان بود؟ یک همچنین موقعیتی داشت و آیا آقای خمینی یک همچنین موقعیتی دارد؟

م ح: رهبر به معنای رهبر سیاسی یا رهبر اجتماعی نیست.

ض ص: نه، مذهبی را فقط [سؤال کردم].

م ح: بله. اما رهبر مذهبی در همان حد مرجع تقلید که آن هم به گفتهٔ خود شما که درست توجه کردید و راست هم هست،

مرجع تقلید بسیار است. ببینید: معنی مرجع تقلید این است که در خصوص تکالیفی که مربوط به عمل مکلفین است (عمل یعنی کردار و گفتار شخصی مکلفین) باید یک عامی که از قدرت اجتهاد برخوردار نیست در حلال یا حرام گفتار و کردار خود به مجتهدی که خوب، آگاه است مراجعه کند و در عمل خود از او پیروی کند. درست مانند کسی که از دانش طب برخوردار نیست عقل عملی او ایجاب می کند که برای مداوای مرض خود به طبیب که در دانش طب آگاه است رجوع کند و مطابق دستور او عمل نماید.

ض ص: بله.

م ح: عرض کنم، احکامی که مربوط به عمل مکلفین است – احکام شرعیه –طوری نیست که همه مکلفین و همهٔ مردم خودشان این چیزها را بدانند. یک مسائلی مورد اختلاف است. فقط مجتهدین می توانند این مسائل تقلیدی را، مسائل فرعی فقهی را، با قدرت اجتهاد استنباط نمایند. مثل فرض کنید [این] که غسل کردن در کجا واجب است، در کجا مستحب است، نماز خواندن در چه [قطع کلام].

ض ص: مطالبی که در توضیح المسائل هست.

م ح: بله. این مربوط به احکام، به تکالیف عملیه یعنی تکالیفی که مربوط به عمل مکلفین است. هیچ مربوط به اعتقاد یا به فکر نیست، به هیچ وجه من الوجوه. تقلید به هیچ وجه در اصول عقاید نیست و اصلاً، عقلاً تقلید در اصول عقاید جایز نیست. در اصول عقاید باید خود مکلفین – هر کسی به اندازهٔ تفکر خودش – تفکر بکند. اصول عقاید را که عبارتند از توحید و

عدل ونبوت و امامت و معاد روز قیامت. اینها را خودشان به دلائل عقلی درك بكنند و معتقد بشوند. بعد از این که اعتقاد به این اصول عقاید پیدا کردند - از روی عقل و تفکر و اندیشه - آن وقت در عملشان و در رفتار و کردار عملیشان که اینها هیچ کدام مربوط به تفکر و اندیشه نیست، مربوط به صرف عمل است - اگر خود مجتهد نیستند، به مجتهدی که توان استنباط این احکام را دارد رجوع و پیروی کنند. از کسی که بهتر می داند، از کسی که مجتهد است تقلید کنند. این هم دلیلش همان دلیل عقلی است. یعنی همین طوری که به قول خودشان، رجوع جاهل به عالم است. یعنی همین طوری که شما فرض کنید که در مرض خودتان یا مرض خانواده تان یا بچه تان، خودتان و بچه تان را می برید به پیش طبیب. پیش نجار و غیره و ذلك نمی برید. پیش طبیب می برید که متخصص در رفع مرض و اینهاست، برای این که معالجه بکند و این یك امر عقلی است. بنا بر این، ارجاع و رجوع جاهل به عالم یك مسئله عقلی است. در مسائل فقهی و شرعی هم همین طور است، مثل مسئلهٔ طب می ماند. همین طوری که شما مریض را می برید پیش طبیب، همین طور مسائل فقهی و شرعی را هم باید ببرید پیش کسی که در این گونه مسائل وارد است. لطف فرمودید؟

ض ص: بله.

م ح: آن وقت هر کسی می تواند از شخصی که عالم است یا اعلماست، تقلید کند. آن وقت اتفاق می افتد - این اتفاق مربوط به زمان است - اتفاق می افتد در زمان های مختلف که مراجعی که در یك سطح هستند فوت می کنند و [مرجعیت] منحصر

[می] شود به یك نفر، مثل وقتی [که] مثلاً مرجعیت در بیشتر ایران راجع به پدر بنده بود. بعد از ایشان به آقای بروجردی بود. اینها مربوط به زمان است. در صورتی که در این خلال ممکن است بعد از فوت مرد عمده ای، مراجع بسیاری پیدا بشوند که مثلاً اهالی تبریز به کسی مراجعه بکنند. اهالی قزوین به کس دیگر مراجعه بکنند. اهالی همدان به شخص دیگری. این شخص لازم نیست که حتماً ایرانی باشد. [فقط باید] شیعه باشد ولو پاکستانی باشد، هندی باشد، عرب باشد و امثال ذلك. بنا براین، مرجع به معنای رهبر نیست. مرجع به معنای کسی است که شخص یا اشخاصی از او تقلید می کنند. آن هم در عملشان. در تکالیف عملیه ای که مربوط به عملشان است. همین. بیشتر از این مرجع تقلید معنا ندارد. حالا شما اسمش را رهبر می گذارید، اشکالی ندارد.

### ریشهٔ نظریه ولایت فقیه

ض ص: اینها مطالبی است که در روزنامه ها و اینها من خواندم. می خواستم که دربارهٔ این قضیه روشن بشوم. هر چند این سؤال مرا شما قبلاً پاسخ دادید، می خواستم از حضورتان تقاضا کنم که به ما بگویید که نظر آیت الله بروجردی دربارهٔ حکومت اسلامی، [درباره] این حکومت ملایان، چه گونه بود؟ شما تا حدودی این مسئله را شکافتید و روشن کردید. می خواهم از حضورتان تقاضا بکنم اگر مطلب بیشتری دارید برای روشن کردن این موضوع بفرمایید و اگر نیست که برای ما شرح بدهید که اوضاع دستگاه مذهبی پس از فوت آیت الله بروجردی

چه گونه بود؟

م ح: در مـــســـئـلـهٔ اول کـه حکومت - یعنی شـــما
می گویید - ولایت فقیه سؤالتان است؟

ض ص: مـسـئـلـه ای کـه بـه این شکل آقـای خمـینی در کتاب
ولایت فقیه مطرح کرده که [قطع کلام].

م ح: اینها با این تفسیر به هیچ وجه ریشه ندارد. نخیر.
حداقل من نتوانسته ام مدرکی در عقل، کتاب و سنت برایش
پیدا کنم. حتی شیخ اعظم شیعه، شیخ مرتضی انصاری، در
کتاب مکاسب می فرماید، «اثبات چنین فرضیه ای مانند مشت
به سندان کوبیدن است، یا مانند دست به تیغ خاریدن است.»

ض ص: حضرت محمد به خلافت معتقد بود. خلیفه تعیین
کرد. ما هم به خلافت معتقدیم و خلیفه تعیین می کنیم.

م ح: نخیر. نخیر. کجا حضرت رسول اسم خلافت به معنی
سیاست و کشورداری را بردند؟ آن چیزی کـه داریم مسئلهٔ
امامت است. امامت هیچ ارتـبـاطی به حکومت سیاسی ندارد.
امامت یک مقام معنوی است، مقام خدایی و الهی معنوی است که
ما معتقدیم که حضرت امیر بعد از حضرت رسول آن مقام را
داشتند و آن مقام همیشه برای حضرت امیر بوده. اما بعد از
عثمان، یعنی بعد از ابوبکر، عُمر، عثمان آن وقت مردم ایشان را
خلیفه کردند، و به مقام خلافت رهبر سیاسی رساندند. پس
خلافت غیر از امامت است. امامت یک مقام الهی است، غیرقابل
جعل است، غیر قابل وضع است. یک علوّ مقامی است، علوّ
اخلاقی، علوّ معنوی است که فقط اشخاص معدود و مخصوصی
این رفعت مقام را دارند که آن ائمهٔ ما هستند و پیغمبر و ائمّه.

۸۰

این غیر از مسئلۀ خلافت است که جز سیاست و فن کشورداری بیش نیست. دقت کردید؟

ض ص: بله.

م ح: خلافت یک مسئلۀ کشورداری است. همان طوری که گفتم و در اسلام نیست. اسلام هیچ وقت محدود به محدودۀ جغرافیایی - سیاسی نیست. اگر اسلام محدود بود و منحصر بود به یک محدودۀ سیاسی - جغرافیایی جزیرة العرب، پس چه طور ما ایرانی ها الان مسلمانیم؟ ما نباید مسلمان باشیم، به خاطر این که اگر معنی کشورداری می داشت، کشور اسلام جزیرة العرب بود و کشور ما غیر از عربستان و جزیرة العرب است. درست است؟

ض ص: بله.

م ح: پس به همین دلیل، حکومت به معنای کشورداری اصلاً غیر از مسئلۀ امامت و اسلام است. حالا خلافت یک مسئلۀ دیگری است. خلافت البته برای کشورداری آن روز مسلمانان بوده، منتهی آن زمانی که اسلام یک کشور واحد سیاسی و جغرافیایی بوده است، خوب، تا آن زمان خلافت به معنای کشورداری در همان محدودۀ جغرافیایی بوده. ولی بعد که جهان اسلام به کلی مجزای از یکدیگر شده و کشورهای متعددی که الان در حدود صد و چند کشورند، کشورهای اسلامی به طور مختلف مجزای از یکدیگر شدند که نمی شود که اینها همه اش یک حکومت واحد جغرافیایی - سیاسی داشته باشند.

این حرف اصلاً مغالطه ای است، به نظر بنده، بین ولایت و حکومت. ولایت را تفسیر کردند به حکومت و حکومت هم به

معنای حکومت کشورداری. پس گفتند که فقیه هم باید حاکم باشد، در صورتی که حکومتی که در فقه هست غیر از حکومت به معنای کشورداری است. آن معنای خاص فقهی دارد که ارتباطی به سیاست و مملکت داری ندارد. این در اثر یک مغالطهٔ لفظی است [در] لفظ حکومت. اشتراک لفظی [است که] گاهی در حاکمیت و فرمان روایی و گاهی در قضا و داوری [و] اکثر در علم تصدیقی به کار می رود. در عرف سیاست حکومت به معنای کشورداری است، پس [نتیجه می گیرند که] لازمه اش این است که ولایت فقیه هم کشوردار باشد.

ض ص: بله، رئیس مملکت باشد.

م ح: رئیس مملکت باشد.


## مفهوم مرجع تقلید شیعیان

ض ص: آقای دکتر حائری یزدی ترتیب انتخاب کسی به عنوان مرجع تقلید چه گونه است غیر از تحصیلات؟ مرجع تقلید می بایستی که تحصیلات اجتهادی کرده باشد. غیر از آن حرف ها، آیا جلسه ای تشکیل می شود؟ گروهی دور هم جمع می شوند؟

م ح: نخیر. از نظر قواعد اسلامی بعد از این که شما مرجع تقلیدتان را از دست دادید، برای خاطر این که مرجع تقلید جدیدی به دست بیاورید یا فرض کنید که یک کسی تازه به حد بلوغ می رسد و شروع می کند به انجام وظایف شرعیش، بایستی که یک مرجع تقلید داشته باشد در وظایف شرعی. این [شخص] بایستی که از دو نفر خُبره سؤال کند که اعلم و عادل

زمان کیست؟ شهادت دو نفر ُخبره عادل را در فقه اسلامی «بیّنه» می گویند.

علت این که مجلس خبرگان هم تشکیل دادند همین کلمه است، ولی دو نفر ُخبره در اصطلاح فقه به معنای بیّنه است. بیّنه‌دو شاهد عادل است. در صورتی که یك شاهد عادل را به اصطلاح بیّنه نمی گویند. در دعاوی محکمه، محاکم عدلیه در اسلام رسم براین است که مثلاً فرض کنید اگر کسی دو شاهد عادل ببرد که حق با اوست باید ادعای او مورد قبول واقع شود. مثلاً قاضی یکی از دلائلی که می تواند رویش حکم بدهد عبارت از بیّنه است. خوب، بیّنه چیست؟ بیّنه عبارت از شهادت دو شاهد عادل که دروغگو نباشند. راستگو باشند و شهادت بدهند که فلان قضیه در حضور آنها واقع شده. این را می گویند بیّنه. آن وقت در این جا هم از همین بیّنه استفاده می کنند. احتیاجی به صد و چند نفر ُخبره ندارند.

دو نفر خبره. از هر کسی هم می خواهد باشد. از هر کجا هم می خواهد باشد. می خواهد اهل پاکستان باشد. می خواهد اهل عراق عرب باشد. دو شاهد عادل وقتی که شهادت بدهند به این که این آقا هم سوادش خوبست و هم دروغ نمی گوید. عادل است. جنایتکار نیست. بد عمل نیست. شهادت بدهند به عدالتش و علمیتش. آن وقت آن شخص جاهل می تواند به او مراجعه کند و تقلید بکند و تمام تشریفات تقلید به این خلاصه می شود.

ض ص: بله.

م ح: آن وقت از آن طرف، باید این نکته را توجه داشته باشیم که اصلاً این – شاید کسی هم متوجه نباشد به نظر من –

تقلید از یک مجتهد حیّ لازم نیست. به دلیل این که همان طوری که عرض کردم، دلیل تقلید یک دلیل عقلی است که رجوع جاهل به عالم است. فرض کنید که شما تشخیص بدهید یا یقین داشته باشید که شیخ مرتضی انصاری، رحمت الله علیه، که در صد و پنجاه سال پیش می زیسته، اعلم از تمام علمای عصر است. می توانید به او رجوع کنید. احتیاج ندارید که فرد زنده ای را آقا بالاسری برای خودتان درست بکنید.

ض ص: بله. بله. البته من [می خواستم] یک سؤال دیگر هم در همین زمینه از خدمتتان بکنم.

م ح: خواهش می کنم.

ض ص: و آن این است که این طور به نظر من می آید که اگر یک آدمی خودش عاقل باشد به امور و مسائل، حتی احتیاجی به مرجع تقلید ندارد. دارد، آقا؟

م ح: نه.

ض ص: فرض بکنیم، مثلاً فرض بفرمایید که در فلسفهٔ قانون غربی اصولاً می گویند که قانون برای کسی که آدم به اصطلاح عادلی است و آدم عاقل و بالغی است، نمی باشد. قانون برای او نیست. قانون برای آدمی است که احتمال خلاف کاری دارد یا قادر به تشخیص نیست. آیا در مذهب شیعه هم این حقیقت دارد؟

م ح: نه.

ض ص: اگر کسی عاقل و بالغ باشد و خودش بتواند تشخیص بدهد، باز هم احتیاج به مرجع تقلید دارد؟

م ح: ملاحظه کنید، تشخیص دو جور است. یک وقتی این

۸۴

است که یك کسی خودش مجتهد باشد. اگر کسی خودش مجتهد باشد، برای هر مجتهدی حرام است تقلید، یعنی نه تنها لازم نیست تقلید، بلکه تقلید کردن حرام است. یك مجتهد با داشتن اجتهاد و قدرت اجتهاد برایش حرام است برود از یك کس دیگر تقلید بکند.

ض ص: خیلی ممنونم این را گفتید چون من این را نمی دانستم.

م ح: بله، بله حرام است و اما برای کسی که مجتهد نباشد ولیکن به اصطلاح خودش، فرمودید چه باشد؟

ض ص: یك آدم عامی مسلمان تحصیل کردهٔ آشنا به خوب و بد زندگی [قطع کلام].

م ح: تحصیل در چه؟

ض ص: به طور کلی دارم می گویم. فرض بفرمایید یك آدم با فرهنگی که خوب و بد زندگی را می داند، احتیاج ندارد که فرض بفرمایید که توضیح المسائل فلان را بخواند و آن را دستورالعمل خود قرار دهد.

م ح: بله، ببینید، آخر ببینید هر کسی هم هر قدر با فرهنگ باشد، فرض کنید ریاضی دان باشد، فرض کنید که [در] یك رشتهٔ مهندسی خوب تحصیل کرده باشد، یا فلسفه خوب بلد باشد، ولی همهٔ اینها غیر از دانش فقه است. و هیچ مانعی ندارد که کسی این علوم را داشته باشد: علوم طبیعی و علوم ماوراء طبیعی و اینها را داشته باشد، ولی دانش فقه را نداشته باشد، او نسبت به دانش فقه جاهل است. همین طوری که عرض کردم، شما ممکن است که مهندس باشید، ممکن است به اصطلاح ریاضی

دان باشید، ممکن است هزار علم دیگر داشته باشید، ولی طب بلد نباشید. در مسائل طبی باید، مجبورید به حکم عقلتان مراجعه به طبیب بکنید. دقت کردید؟

ض ص: بله. بله. من فقط از نظر آشنایی به اصول اخلاقی عرض می کنم.

م ح: نه، نه، آن نه. آن اصول اخلاقی هیچ ارتباطی با فروع فقهی ندارد.

ض ص: بله.

م ح: بله. و در فروع فقهی باید از شخص دانا تقلید کند.

**مرجع تقلید پس از درگذشت آیت الله بروجردی**

ض ص: آقای دکتر حائری یزدی، قرار بود که صحبت بفرمایید راجع به حوزهٔ علمیهٔ قم و اصولاً دستگاه مذهبی قم پس از فوت آیت الله بروجردی. چون تا یك مدتی ما کسی را، تا آن جا که من خاطرم یاری می کند، باز هم از دید مردم عادی صحبت می کنم، کسی را به عنوان مرجع تقلید تا مدتی نمی شناختیم.

م ح: بله. بعد از مرحوم آیت الله بروجردی حقیقتش این بود که بنده در قم و در ایران نبودم. در آمریکا بودم. خودم حضور و شهود نداشتم در این که چه وقایعی واقع شده، ولیکن، خوب، از دور اطلاع داشتم. بعد از فوت آیت الله بروجردی اشخاصی در قم بودند که به اصطلاح جزو مدرسین طراز اول حوزهٔ علمیه بودند و اشخاصی هم در نجف اشرف بودند که همین مقام را داشتند، منتهی اشخاصی هم که در نجف اشرف بودند بعد از

آیت الله بروجردی یك قدری شهرتشان در علمیت و در تقوا و صلاحیت برای مرجعیت بیشتر از اشخاصی بود که در قم بودند.

مثلاً بعد از آیت الله بروجردی در نجف اشرف آقای حکیم[۵۶] بود. آقای آقا سید عبدالهادی شیرازی بود. دو سه نفر از این آقایان بودند که شهرت شان بیشتر از آقایانی بود که در قم بودند. آن وقت تقریباً در یك لحظه ای بعد از آقای بروجردی آنها در حقیقت مقدم شدند بر علمای قم. دقت کردید؟ بر اثر شهرت زیادتری آنها مقدم شدند. در حقیقت در این هنگام مرجعیت تقلید از قم منتقل شد به نجف. در هنگامی که آقای حکیم بود و معاصرین ایشان مانند آقای سید عبدالهادی شیرازی و آقای شاهرودی بودند.

ض ص: بله.

م ح: بعد از این که آقای حکیم و معاصرین ایشان فوت کردند، مرجعیت تقلید دو مرتبه بازگشت یك مقداری، البته نه همه اش [به قم]. تقریباً توزیع شد. برای این که باز در نجف هنوز هم آقای خوئی بود و هست.[۵۷] مرجع تقلید شیعه الان

---

[۵۶] آیت الله سید محسن حکیم، فرزند مهدی طباطبایی حکیم، متولد نجف، شوال ۱۳۰۶ قمری (۱۲۶۸ ش و ۱۸۸۹ م)، نزدملا محمد کاظم خراسانی، سید محمد کاظم یزدی، حاج میرزا حسین نائینی و عراقی تحصیل کرد و سپس در نجف به تدریس پرداخت. پس از در گذشت آیت الله بروجردی مرجع شیعیان گردید. مخالف سرسخت سوسیالیزم و کمونیزم بود. در ۲۷ ربیع اول ۱۳۹۰ (۱۲ خرداد ۱۳۴۹ و ۲ ژوئن ۱۹۷۰) در نجف در گذشت.

[۵۷] آیت الله حاج سید ابوالقاسم خوئی، متولد خوی در سال ۱۳۱۷ هجری قمری (۱۲۷۸ ش و ۱۸۹۹ م)، در سال ۱۲۹۱ ش (۱۹۱۲) به نجف مهاجرت کرد. بعد از فوت آیت الله سید محسن حکیم در ۱۲ خرداد ۱۳۴۹ (۲ ژوئن ۱۹۷۰) مرجع تقلید اکثر شیعیان گردید. در ۱۷ مرداد ۱۳۷۱ (۸ اوت ۱۹۹۲)

ایشانند که بیش از دیگران مقلد دارند. آقای خمینی و دیگران از لحاظ عدد مقلدین در عِداد ایشان نیستند. الان بیشتر شیعیان جهان در پاکستان و هند و قاره افریقا با اکثریت قاطع مقلد آقای حاج سید ابوالقاسم خوئی‌هستند. آن وقت البته یك عدهٔ دیگری هم، عدهٔ قلیل دیگری هم، هستند که خیلی ها مقلد آقای گلپایگانی هستند که در قم ساکنند. حالا شاید مقلدین آقای خمینی در ایران به مراتب بیشتر از مقلدین سایر مراجع باشند و احیاناً پیدا می شوند اشخاصی که مقلد آقای نجفی مرعشی می باشند، ولی خیلی اینها کم اند. مرجع تقلید شیعه الان آقای خوئی است. دقت کردید؟

### دربارهٔ آیت الله روح الله خمینی

ض ص: من می خواستم از حضورتان تقاضا کنم که یك مقداری برای ما اگر امکان دارد توضیح بدهید راجع به سابقهٔ آقای خمینی. این موضوع داستان هندی چیست که راجع به ایشان صحبت می کنند؟ اگر لطف بکنید به ما یك مقداری راجع به زندگی نامهٔ ایشان، راجع به پدر [و] مادر، مرگ پدر، ازدواج مادر (به این دلیل که ایشان چند تا برادر و خواهر ناتنی دارد) تحصیلات، آنها را یك مقداری برای ما توضیح بفرمایید.

م ح: برادر ناتنی من نشنیدم داشته باشند، نه از خودشان و نه از دیگران.

ض ص: آقای پسندیده.

م ح: برادر تنی ایشانند.

---

در نجف در گذشت.

ض ص: ایشان برادر تنی ایشان است؟

م ح: بله. بله.

ض ص: پس برادر و خواهر ناتنی ایشان ندارند؟

م ح: نه، من نشنیدم که داشته باشند.

ض ص: بله. لطفاً بفرمایید، یک مقداری به ما اطلاعات بدهید راجع به سابقهٔ ایشان.

م ح: عرض می کنم که سابقه ایشان – من گمان می کنم شما از آن آقایی که فرمودید مصاحبه کردید، اینها را شنیده باشید.

ض ص: از کی آقا؟

م ح: آقای [نصرت الله] امینی.[۵۸]

ض ص: آها، بله از آقای امینی شنیدم، ولی من دلم می خواهد که از شما هم بشنوم و این مطالب از دو نفر تکرار بشود بهتر است چون ممکن است [در] خاطرات یک نفر اشتباهاتی رخ بدهد.

م ح: من آخر زیاد میل ندارم در اطراف اشخاص صحبت کنم ولی، خوب، در عین حال می فرمایید. به طوری که من خودم از ایشان شنیدم، جد ایشان به اسم آقا سید احمد کشمیری از کشمیر آمده است به ایران.

ض ص: بله. من این را عرض کنم خدمت شما، دلیل این که من می پرسم برای این است که بعضی از آقایان در کتاب هایشان راجع به سوابق ایشان و زندگی ایشان مطالب و چیزهایی نوشتند که با همدیگر نمی خواند.

_____

[۵۸] نصرت الله امینی، وکیل دادگستری، وکیل شخصی دکتر مصدق، شهردار تهران، ۱۳۳۱ (۱۹۵۲)؛ یکی از فعالان جبهه ملی. نگاه کنید به خاطرات او در مجموعه تاریخ شفاهی ایران در دانشگاه هاروارد.

م ح: بله.

ض ص: من بنا بر این فکر کردم که شما که به ایشان خیلی نزدیک بودید و اطلاعات دست اول دارید شاید بتوانید به ما اطلاعات بیشتری بدهید.

م ح: بله، همین اطلاعات کلی من دارم دیگر.

ض ص: بله، بفرمایید.

م ح: عرض کردم جدّ ایشان آقا سید احمد بوده که از کشمیر آمده است به ایران، آمده است به خمین و در خمین آن جا سکنی گزیده و عرض کنم که، از علمای خمین شده.

ض ص: ایشان واقعاً اهل کشمیر بودند، هندی نبودند؟

م ح: نخیر. تا آخرش هم اصلاً زبانشان، لهجه شان لهجهٔ هندی و کشمیری و اینها بوده. فارسی درست حرف نمی زده، یا کمتر حرف می زده است. خلاصه، روان نبوده در فارسی. بعدش پسر آقای آقا سید احمد که آقا سید مصطفی نام داشته است تنها پسر مرحوم آقا سید احمد بوده، آقا سید مصطفی پدر آقای آیت الله خمینی و آقای پسندیده و آقا سید نورالله هندی است. آقای سید نورالله هندی که فرزند دوم مرحوم آقای سید مصطفی است اندکی پیش از انقلاب و شاید همان اول انقلاب فوت کرد. او از لحاظ سن متوسط بین آقای پسندیده و آقای خمینی بود به اسم آقا سید نورالله هندی و ایشان وکیل عدلیه بود - از وکلای درجهٔ اول دادگستری بود. تخلص آقای خمینی هم خودش هندی است یعنی در اشعارش تخلصش هندی است، هر چند که در شناسنامه مصطفوی است.

ض ص: من شنیده بودم که ایشان شعر هم می گویند.

م ح: بله، تخلص در اشعـارشـان هندی است، بنـا بر این پدر ایشان آقا سید مصطفی بوده و جد ایشان آقا سید احمد و لذا آن پسـر بزرگش کـه در نجف سکتـه کـرد، فـوت کـرد، اسـمش آقـا مـصطفی بود کـه اسم پدر آقـای خمینی را روی [او] گذاشتـه بود[ند] و این پسر دومشـان کـه الان هست،[59] آقـای احمـد، اسم جدشـان را بر [او] گذاشتـه [اند]. تاریخچه هندی بودن ایشان از این قرار است.

ض ص: تحصیلات ایشان کجا انجام شده است، آقا؟

م ح: تحصیـلات ایشان فقط و فـقط در قم پیش مـرحوم پدر مـاست و غیـر از این چیز دیگری نیست. بله. فـقط در رشتـهٔ عرفـان پیش آقای شاه آبادی درس خواندند. وقتی کـه پدرم از اراک می آیند به قم برای تأسیس حوزهٔ علمیهٔ قم، آقای خمینی اول می رود به اراک پیش ایشان. بعد با ایشان در معیت سایر طلاب و محصلین ایشان می آید به قم. وقتی که پدرم می آید به قم عدهٔ زیادی از علماء و فضلای اطراف می آیند برای کسب فقه پیش ایشان درس فـقه بـخـواننـد، از جـملـه از تـهـران آقـای شـاه آبادی از شـاگـردهای ایشان در فـقـه بوده. ولی آقـای شاه آبادی در عرفان قبلاً وارد و متـخصص بوده. آقـای خمینی پیش آقای شاه آبادی هم درس عرفان می خواند چنان که در عین حال نزد آقا میـرزا جـواد ملکی تبریزی درس اخلاق [را] فـرا می گیرد.

ض ص: بله. یکی از آقایان به من در همین مصاحبه ها گفت که پدر شما ایشان را از خمین برداشته بوده و آورده بود به قم.

---

[59] احمد خمینی در ۲۷ اسفند ۱۳۷۳ (۱۷ مارس ۱۹۹۵) در تهران درگذشت.

م ح: برنداشته بودند. وقتی که [پدرم] از عتبات آمدند به ایران، پیش از این که بیایند قم، اول یك سال برای هواخوری و فرار از گرمای عتبات آمده بودند به اراك. بعد چون که ایشان یکی دو سال در اراك توقف کردند، آن جا قهراً یك مجمع علمی تشکیل شده بود که آقای خمینی از خمین می روند به اراك برای تحصیلات. بعد از اراك هم می آیند به قم هنگامی که [پدرم] می آیند به قم.

ض ص: چرا آقای خمینی را وزیر خارجهٔ آیت الله بروجردی می نامیدند، آقای دکتر حائری یزدی؟ تا چه سالی این دوستی و همکاری بین ایشان و آیت الله بروجردی ادامه داشت؟

م ح: عرض کردم. در هنگامی که آن سؤال اول را فرمودید راجع به آقای بروجردی، عرض کردم که وقتی که پدرم فوت کرد، برای این که خلئی در قم احساس می شد و خواسته بودیم که این خلاء را به اصطلاح جبران بکنیم همهٔ فضلاء و اساتید طراز اول حوزهٔ قم از آقای بروجردی تقاضا کردند و دعوت کردند که تشریف بیاورند به قم، از جمله آقای خمینی. آقای خمینی در حقیقت در آوردن آقای بروجردی به قم خیلی زیاد فعالیت می کردند. و در حقیقت در اوایل ورود آقای بروجردی خیلی آقای خمینی نزدیك به ایشان بود و شب و روز در التزام ایشان بود. کارهای ایشان را انجام می داد و برای خاطر این که ایشان را [در قم] نگه دارد از هر فعالیتی دریغ نداشت و به علاوه چون آقای خمینی از هر جهت شایسته و برازنده بود و کمتر کسی در حوزه به جامعیت و شایستگی ایشان به چشم می خورد، قهراً ایشان مقام اول را در نزد آقای بروجردی پیدا کرد و از این

جهت، خوب، قهراً رابطهٔ آقای بروجردی و ایشان خیلی صمیمی بود از این لحاظ که خیلی کمك می کرد به آقای بروجردی. و چون بالاخره از نظر این که با هوش بود و با فراست و اینها بود. مثلاً چون نسبت به سایر آقایان علماء، که در مسائل اجتماعی و سیاسی به هیچ وجه وارد نیستند، ایشان به گونه ممتاز از آنها بهتر وارد بود. آقای بروجردی در مسائلی که ارتباط با دولت داشت - بخصوص با شاه - یکی دو مرتبه آقای خمینی را از طرف خودش فرستاد برای ملاقات [با] محمد رضا شاه پهلوی که در مسائل مورد نظر با او صحبت کند.

ض ص: این دوستی و همکاری [آقای خمینی] با آیت الله بروجردی تا زمان فوت ایشان ادامه داشت؟

م ح: نخیر.

ض ص: ادامه نداشت؟

م ح: نخیر.

ض ص: پس تا چه موقعی ادامه داشت؟

م ح: تا بعد از [سقوط دولت] مرحوم دکتر مصدق - در زمان [کابینه] زاهدی [که] بقائی با آقای آیت الله کاشانی قدری فعالیت می کردند علیه زاهدی. اول آقای کاشانی با زاهدی موافق بود چون هر دو علیه دکتر مصدق همکاری داشتند. پس از اندکی بین زاهدی و آقای کاشانی به هم خورد تا جایی که زاهدی به آقای کاشانی حمله کرد. در این هنگام آقای کاشانی با دکتر بقائی همکاری داشت. در این هنگام آقای کاشانی و بقائی عده ای را فرستاده بودند به قم برای این که منزل آقای بروجردی بست بنشینند که از بروجردی برای مخالفت و ضدیت

با دولت زاهدی همکاری و همگامی بخواهند. دقت کردید؟

ض ص: بله. بله.

م ح: این عده که از حزب بقائی بودند، آمدند به قم و رفتند توی بیرونی آقای بروجردی بست نشستند. آقای بروجردی هم نمی خواست در این مسائل سیاسی مداخله کند. مصلحتش نبود. خلاصه، مصلحت نمی دانست در این مسائل مداخله کند و دستور داد به شهربانی قم که بیایند اینها را از منزلش بیرون کنند. این جا بود که آقای خمینی [با آقای بروجردی] مخالفت کرد. شب بود [آقای خمینی] با برادرم مرحوم حاج شیخ مرتضی حائری یزدی که الحق مردی فقیه، زاهد و پاک دل بود رفتند پیش آقای بروجردی و گفتند که شما چرا این کار را کردید؟ این برای شما و حوزهٔ علمیه بد است که یک عده ای را از خانه تان بیرون کنید و آب به روی اینها ببندید که بروند و از این حرف ها. عرض کنم که آقای بروجردی هم در این جریان اوقاتش تلخ شد و هر دو را زیر کوران عصبانیت خود گذاشت.

بعد یک جریان داخلی دیگری هم در حوزه بود که آن هم به این جریان سیاسی افزوده شد و بکلی رابطهٔ آقای بروجردی با آقای خمینی قطع شد، یعنی آقای بروجردی در حقیقت ایشان و برادرم را طرد کردند و ایشان و برادرم از آن تاریخ به بعد دیگر اصلاً مبغوض آقای بروجردی شدند. برادرم به عنوان قهر به مشهد رفت و [از] آن طرف دیگر [آقای خمینی] رفت خانهٔ خودش نشست و کم کم شروع کرد به جبههٔ استقلال و مستقلی برای خودش گرفتن. بعد من دیگر اطلاع ندارم. آن جا نبودم.

ض ص: ارتباط آقای خمینی، با آیت الله کاشانی چه گونه

بود؟

م ح: با آقای آیت الله کاشانی آشنا بودند و خیلی هم دوست بودند. آقای خمینی هم با آقای بهبهانی خوب بود و هم با آقای کاشانی. با آقای کاشانی ارتباطش و دوستی اش به وسیلهٔ پدرزنش بود. پدر زن ایشان آقای حاج میرزا محمد ثقفی [بود] که اول از شاگردهای مرحوم پدر ما بود و اخیراً از علمای تهران بود و منزل آقای ثقفی جنب منزل آیت الله کاشانی در پامنار بود.

به همین مناسبت که بین منزل آقای کاشانی و منزل آقای ثقفی، پدر زن آقای خمینی، مجاورت بود، هنگامی که آقای خمینی – بخصوص در فصل تابستان – از قم به تهران می آمد و منزل پدر [زنش] سکنی می گزید، آقای کاشانی در آن جا رفت و آمد داشت و با هم خیلی آشنا بودند. به طوری که آقای خمینی خودش می گفت، گه گاهی آقای کاشانی بحث های علمی و فقهی می کرد و خیلی به اصطلاح انس پیدا می کرد با مباحث علمی. گه گاهی هم دو سه نفری، یعنی کاشانی و خمینی و ثقفی می رفتند به بعضی از قسمت های ییلاقی تهران –شمیرانات – و در آن جا چند شب می ماندند و آن جا بحث و قدری تفریح می کردند و برمی گشتند. این بود مناسبت شان با آقای کاشانی و خیلی از این لحاظ صمیمی بودند.

از طرف دیگر، آقای خمینی با آقای بهبهانی هم خیلی مربوط بود و خیلی معتقد به عقل سیاسی آقای بهبهانی بود و معتقد بود که آقای بهبهانی در عقل سیاسی اش قابل مقایسه با آقای کاشانی نیست. در روش های سیاسی آقای بهبهانی، آقای

خمینی، همان طوری که بنده یادم است، کاملاً پشتیبان آقای بهبهانی بود، خیلی بیشتر از این که [با کاشانی] قابل مقایسه باشد. تا جایی که اصلاً به افکار سیاسی آقای کاشانی وقعی نمی گذاشت. از این جهت، از نقطهٔ نظر مشی سیاسی، در خط مشی سیاسی مرحوم بهبهانی، یعنی همان خطی که آقای بهبهانی با دربار و صمیمیت با دولت وقت و اینها داشت، نظریات کلی سیاسی آقای خمینی هم تقریباً در همان خط بود.

ض ص: بله.

م ح: بعدش نمی دانم چه شد که دیگر ایشان از این طرف به آن طرف چرخید. آن را دیگر بنده در ایران نبودم.

ض ص: بله. در زمان دکتر مصدق، وقتی که آقای آیت الله کاشانی طرفدار دکتر مصدق بودند و بعد شروع به مخالفت با دولت ملی کردند، آقای خمینی کجا بود؟ آقای خمینی از طرفداران نهضت ملی بودند یا نبودند؟

م ح: نخیر، نخیر. از اول آقای خمینی به طوری که یادم است - اتفاقاً اختلافش هم با ما سر همین مسئلهٔ آقای دکتر مصدق بود - با آقای دکتر مصدق زیاد رابطه ای نداشت، یعنی معتقد نبود به روش وی. سیاست های نظیر سیاست های قوام السلطنه و رزم آرا را بر سیاست دکتر مصدق ترجیح می داد و همان طوری که عرض کردم در آن خط مشی سیاسی بود. و به هیچ وجه از دکتر مصدق و آقای کاشانی که با دکتر مصدق بود طرفداری نمی کرد. بلکه شاید تخطئه هم می کرد. معتقد نبود که آقای کاشانی باید این طور از دکتر مصدق طرفداری کند.

ض ص: من از این نظر این سـؤال را می کنم بـرای این کـه این جـا مـن بارهـا در کتـاب هـا و در روزنامـه هـا و اخیـراً هـم در روزنامهٔ واشنگتن پست خـوانـدم کـه نوشتـه بـودنـد کـه واقعـهٔ کودتای ۲۸ مرداد سبب شد کـه احساسـات ضد استعمـاری آقـای خمینی تحریک بشود و وارد مسائل سیاسی بشوند. ولی با این ترتیب کـه شمـا می فرماییـد، ایشـان خودشـان در آن جبهه بـودنـد [قطع کلام]

م ح: بله. بله.

ض ص: دیگر به هر حال نظر خوشی با نهضت ملی نداشتند.

م ح: نخیر، ابداً.

ض ص: آقای دکتر حائری یزدی، ارتباط خویشاونـدی شمـا با آقای خمینی چه گونه است؟

م ح: من خودم شخصاً با ایشان خویشاونـد نبـودم و نیسـتم. مرحوم برادرم با ایشان این اواخر خویشاونـدی پیـدا کردنـد: به این معنی کـه [پسـر بزرگ آقـای خمینی] کـه مـرحوم آقـای سیـد مصطفی بـود، دامـاد مـرحوم آقـای اخـوی مـا بـود. الان هم آن دو فرزندی که از مرحوم آقا مصطفی باقیست، یکی حسین آقـا و دیگری مریم خانم، هر دویشان نوه هـای بـرادر مـن هستنـد. این از نظر خـویشـاونـدی، ولـی از نظر دوستی و رفاقـت خیلی زیـاد، خیلی زیاد و عمیق و از نظر تاریخی، دوستی ما با آقای خمینی خیلـی طـولانی و صمیمـی بـود. شـایـد متجاوز از بیسـت سـال پیوستـه شب و روز و گاهی مسافرت هـا با یکدیگر داشتیـم. ولی بعد از این کـه ایشان به قدرت رسیدنـد و مـن یکی دو مرتبه بعد از به قدرت رسیدن ایشـان را در قم دیدم، دیگر نخواستـم بیش

از این مزاحمت فراهم کنم و مثل سابق با ایشان رفیقانه تماس بگیرم. لذا خودم را کنار کشیدم.

ض ص: شما مثل این که یك زمانی به من گفتید که زمانی نزد ایشان درس می خواندید.

م ح: بله، فقط. درس فلسفه ای که مشهور به فلسفه عرفانی بود. چون ایشان عرفانش خیلی خوب بود. الان هم من عرض می کنم [که] ایشان در تئوری عرفان خیلی زحمت کشیدند. هم عملاً و هم از نظر تئوری، در عرفان واقعاً خیلی متخصص و شاخص بود. آن وقت، آن قسمت فلسفهٔ صدر المتألهین شیرازی[۶۰] [را] که در حقیقت آمیخته به عرفان است، ایشان خیلی خوب می گفت. ولی آن قسمتی که مربوط به فلسفهٔ محض است، یعنی فلسفهٔ مشائی محض است -که به اصطلاح تعلیمات ارسطوئی با تفسیرهای ابن سینا و فارابی و اینها باشد- ایشان به هیچ وجه در آن رشته علاقه مند نبودند، بلکه منزجر هم بودند از آن فلسفهٔ محض. خلاصه، به فلسفه ای معتقد بودند که جنبهٔ عرفانی و ذوقی داشت.

ض ص: بله.

م ح: بله. در آن رشته من مدت زیادی پیش ایشان تحصیل کردم و تمام اسفار را پیش ایشان خواندم. بله، در حدود شاید ده سال طول کشید که بنده در خدمت [ایشان] درس می خواندم.

ض ص: سایر شاگردان آقای خمینی کی ها بودند، آقا؟ آقای مطهری آن جا بود؟

م ح: نخیر، آقای مطهری و آقای منتظری، اینها خیلی اواخر

---

[۶۰] نگاه کنید به پانویس ص ۲۲.

[آمدند]. وقتی که ما پیش ایشان [درس] می خواندیم، من بودم و آقای آقا سید رضا صدر (برادر بزرگ آقا موسی صدر، معروف به امام موسی صدر) و دو سه نفر دیگر در این طراز. آقای فکوری بود که یزدی بود. او هم بحث ما بود در آن درس. او مدت هاست فوت کرده. خدا رحمتش کند. شیخ عبدالجوادی بود که اهل اصفهان بود. نمی دانم الان کجاست. اطلاع ندارم [که] فوت کرده یا هست. به هر حال او بود. این دو سه نفر بودیم. از آقای مطهری و از آقای منتظری هیچ خبری در آن وقت نبود. حتی آن وقت این دو نفر به هیچ وجه پیوستگی و آشنایی زیادی با آقای خمینی نداشتند. اینها از جمله شاگردان مرحوم آقا سید محمد محقق داماد بودند که آن داماد ما، یعنی شوهر همشیرهٔ بنده، معروف به محقق داماد [بود]. او خیلی شهرت زیادی در اصول فقه داشت و در این رشته خیلی متخصص بود و عمیق بود. اینها شاگردهای او بودند.

ولی در این اواخری که آقای بروجردی به قم آمدند آقای خمینی خیلی مجذوب آقای بروجردی بود و خیلی نزدیک با آقای بروجردی بود و از این نقطهٔ نظر شاخص بود. [آقایان مطهری و منتظری] به وسیلهٔ آقای بروجردی به آقای خمینی جذب شدند. کمی بعد در یک مدت بسیار قلیلی، آقای خمینی اجازه داد که این دو نفر در آن اواخر درس بیایند و بنشینند درس اسفار را گوش کنند. ولی شاید بیشتر از شش، هفت ماه طول نکشید که دیگر ایشان هم درس فلسفه را ترک کرد. بعد اینها [آقایان مطهری و منتظری] رفتند پیش آقای طباطبائی[۶۱] و مشغول

---

[۶۱] سید محمد حسین طباطبائی تبریزی، ملقب به علامه طباطبائی و

تحصیل شدند. ولی این دو نفرتا آن گاه به هیچ وجه اصلاً گرایشی هم به فلسفه نداشتند. من دیگر اطلاعی هم ندارم از تحصیلات فلسفی آقای منتظری و آقای مطهری. دیگر آن وقت هنگامی بود که من از قم دور بودم یا تهران بودم یا آمریکا بودم. نمی دانستم اینها در چه حالی هستند. گمان می کنم این هر دو آقایان از آقای طباطبائی استفاده وافری در فلسفه کرده باشند.

### دربارهٔ آیت الله سید محمد کاظم شریعتمداری

ض ص: آقای حائری یزدی، آقای شریعتمداری را شما چه جور می شناسید؟ بعد از فوت آقای آیت الله بروجردی، آقای شریعتمداری در در دستگاه روحانیون در کجا قرار داشتند؟

م ح: آقای [سید کاظم] شریعتمداری یکی از مراجع بود. یکی از مراجع بود که اتفاقاً مقلدینش خیلی بیشتر از سایرین بود: بیشتر از آقای گلپایگانی، بیشتر از آقای خمینی. اصلاً قابل مقایسه نبود. دستگاه مادی اش هم در اثر همین کثرت مقلدین خیلی گسترده تر از اینها بود. و بالاخره تقریباً جزو مراجع درجه اول حساب می شد.

ض ص: یعنی با این ترتیب، مقام علمی و مذهبی ایشان از آقای خمینی بالاتر بود؟

م ح: مقام علمی شان در فقه و اصول با همدیگر یکسان بودند. اینها خیلی از قدیم با هم هم بحث بودند، هم درس بودند و خیلی رفیق. شریعتمداری و خمینی سال های سال، از جوانی،

---

مؤلف تفسیر *المیزان*.

با همدیگر هم درس بودند، رفیق بودند. بعد [آقای شریعتمداری] در همان سنین جوانی به تبریز مراجعت کرد و به مقام مرجعیت رسید چون [او] بالاخره تبریز رفته بود و سابقهٔ تبریز داشت و مردم تبریز به او مراجعه کرده بودند. یك همچنین شانس هایی آن وقت آقای خمینی نداشت. در حینی که مرحوم شریعتمداری بیشتر [مردم] آذربایجان در حقیقت متوجه اش بودند و مقلدش بودند، آقای خمینی حتی یك مقلد هم نداشت. اما این دلیل نیست که آقای شریعتمداری در فقاهت بیشتر از آقای خمینی بود. هرگز، بلکه شاید معکوس آن درست باشد. زیرا در حوزه ماندن و شب و روز مشغول بودن، فرصت خوبی برای پیشتازی و ورزیدگی در علم می باشد و آقای خمینی از این فرصت به طور مضاعفی برخوردار بود.

ض ص: بله.

م ح: از این جهت آقای شریعتمداری جزو رؤسای روحانیت شیعه در ایران حساب می شد - در عِداد آقای حکیم. بعد از آقای حکیم در حقیقت شاید آقای شریعتمداری اول بود.

### آغاز اختلاف بین سلطنت و روحانیت

ض ص: آقای دکتر حائری یزدی، شما یك مقداری صحبت کردید راجع به ارتباط دستگاه روحانیون با دستگاه دولت، بعد از فوت آیت الله بروجردی. آغاز این اختلاف با دولت چه گونه بود؟ آیا واقعاً همان طور که شایع هست مسئلهٔ اصلاحات ارضی، حق رأی زنان و خدمت نظام وظیفهٔ زنان - این مسائل - باعث اختلاف بین دستگاه سلطنت و دستگاه

روحانیون شد؟

م ح: والله بنده حقیقتش این است که آن هنگام در ایران نبودم. در آمریکا بودم، ولیکن از همین آمریکا احساس کردم [که] در طرفین قضیه یک دست هایی هست که دولت و روحانیت را می خواهد به جان همدیگر بیندازد. مثلاً فرض کنید که از جمله قضایایی که من از آمریکا خودم درک کردم، از دور، همین مطلبی بود که می خواهم عرض بکنم. بعد از این که آقای بروجردی فوت کرد، معمولاً شاه وقت تلگراف می کرد به اشخاص بعدی. و آن شخصی که شاه به او تلگراف می کرد، در حقیقت کم کم مشخص می شد که او جزو کاندیداهای مرجعیت است. بعد از آقای حکیم و آقای بروجردی، شاه تلگراف تسلیت کرده بود به قم به همهٔ این آقایان: به شریعتمداری، به گلپایگانی، به نجفی مرعشی. به همه اینها تلگراف کرده بود. به آقای خمینی تلگراف نکرده بود. این خود تحقیر نمایانی [نسبت به] آقای خمینی بود که الحق کار بی خردانه ای از سوی شاه بود، زیرا در آن هنگام همه می دانستند آقای خمینی اگر در علم فقه برتر از دیگران نباشد کمتر نیست.

من همان جا از آمریکا احساس کردم که قطعاً به آقای خمینی بر خواهد خورد. چون از این جریانات که حق او را پایمال می کرد به او خیلی برخورد می کرد، اصولاً. و از تحقیر و ظلم خیلی ناراحت می شد و ناراحتی اش هم طوری بود که انتقام گیرنده بود. از طرفی هم [انسان] هیچ ظلمی را نباید به خود بپذیرد چون انظلام یعنی ظلم پذیری گناهش کمتر از ظلم نیست، اگر بیشتر نباشد.

این گونه ناراحتی را من همان وقت، پیش از این که هیچ اتفاقی بیفتد، احساس می کردم و مطمئن بودم که از این جریان یك اتفاقی خواهد افتاد. در صورتی که حق این بود که شاه حالا که تلگراف می کند با همه به یك طور عمل کند. و همین طور جریان به همین شکل دامنه دار شد و پیشرفت کرد و در حقیقت این خلأ، این اختلاف، وسیع تر شد هی روز به روز از سوی شاه تحقیر روحانیت افزون می شد تا رسید به مرحله تغییر تاریخ از هجری شمسی به تاریخ نامفهوم شاهنشاهی که به نظر من بسیار کار احمقانه ای بود - تاریخی که هیچ کس جز چند نفر نادان و چاپلوس از آن سر در نمی آورد.[۶۲]

ض ص: این دست هایی که شما می فرمایید، دقیقاً چه چیزی مورد نظر شماست؟ چه قدرتی، چه نیرویی، چه مرجعی، دستگاهی در نظر دارید؟ چون ما همیشه این صحبت را می کنیم: می گوییم دست هایی در کار هست، ولی دقیقاً مشخص نمی کنیم که منظور از این دست ها چیست؟

م ح: من خودم هم نمی دانم چه دست هایی در کار بود. مثلاً من از شما حق دارم سؤال کنم آن دست هایی که شاه را این اواخر به یك سلسله کارهایی واقعاً نامعقول و احمقانه وادار می کرد کیانند؟ حالا یك سلسله کارهای معقولی باشد، یك چیزی است. اما [به] یك کارهای نامعقول، بچگانهٔ احمقانه و پر از اسراف و تبذیر وادار می کرد مثل تغییر تاریخ. آخر واقعاً این چه دستی بود که [بتواند] تاریخ [را] به این شکل نا مفهوم

---

[۶۲] در ۲۵ اسفند ۱۳۵۴ (۱۵ مارس ۱۹۷۶) تاریخ رسمی ایران که مبدا آن هجرت حضرت محمد (ص) از مکه به مدینه بود، به تاریخ شاهنشاهی که مبدا آن آغاز سلطنت کورش کبیر بود تبدیل گردید.

تغییر دهد؟

ض ص: فکر نمی کنم دستی بوده. من فکر می کنم تصمیم خود ایشان بوده.

م ح: نه، فکر نمی کنم. برای این که او اهل ابتکار این تصمیم های این شکلی نبود. یا فرض کنید که آن جشن دو هزار و پانصد ساله با آن افتضاح. فکر نمی کنم به ابتکار شاه بود. می توان گفت که عامل اجرای این کارها ایشان بوده است.

ض ص: تاجگذاری، جشن دو هزار و پانصد ساله، جشن هنر شیراز.

م ح: جشن هنر شیراز. از این گونه کارهای جلف و بچگانه. در یک محیط اسلامیِ دینی، خوب، این کارها خیلی بد است. خیلی خیلی، عرض کنم، افتضاح آور است. با فرض این که اینها هیچ تأثیری هم در پیشبرد نه فرهنگ دارد، نه تمدن دارد، نه اقتصاد دارد. دقت کردید؟ جز کار احمقانه چیز دیگری نیست. حالا چه دست هایی است؟

### رویداد پانزدهم خرداد ۱۳۴۲

ض ص: شما در سال ۱۳۴۲ در ایران تشریف داشتید؟ در زمانی که ۱۵ خرداد[۶۳] اتفاق افتاد؟

م ح: بله، بله، مثل این که در ایران بودم.

ض ص: چه خاطره ای از آن روز دارید؟

م ح: خاطرهٔ آن روز، من [آن روز] در تهران بودم.

ض ص: اصلاً آن طور که خاطرات شما یاری می کند این

---

[۶۳] برابر ۵ ژوئن ۱۹۶۳.

۱۰۴

واقعه یا حادثهٔ ۱۵ خرداد چه بود داستانش؟

م ح: پانزده خرداد همین بود که از قم شروع شد. آقای خمینی یك نطقی کرد. خاطرهٔ خاصی که بنده [دارم این است که] صبح از منزلم آمدم بیرون و رفتم منزل یکی از دوستانم. طرف بازار و آن جاها بود. وقتی که داشتم می رفتم، دیدم به این که بعضی از این سربازها توی کامیون های ارتشی تفنگشان را به طرف مردم گرفته اند و همین طوری دارند یواش یواش می روند، ولی تفنگشان به سوی مردم بود. خیلی من تعجب کردم. بعد که رفتم توی کوچه، دیدم یکی دو تا صدای [تیر] تفنگ آمد. بعد به همین مناسبت زود رفتم. از پس کوچه رفتم منزل یکی از دوستانم. نشستم. بعد صدای تفنگ خیلی زیاد شد تا این که آن وقت من به همین مناسبت نرفتم به منزلم [در] شمیران. دیدم که خطرناك است چون صدای تیراندازی زیاد شد. عرض کنم رفتم ناهار منزل یکی از دوستان دیگر - نزدیك همان منزلی بود که رفته بودم. آن جا بودم و بعد عصری رادیو را گرفتیم. تقریباً شاید در حدود سه، چهار بعد از ظهر رادیو را گرفتیم که آن آقای رئیس سازمان [امنیت] وقت کی بوده؟

ض ص: [سرلشکر حسن] پاکروان.[۶۴]

م ح: پاکروان گفت بله، آقای خمینی را گرفتیم و تبعید کردیم. آقای محلاتی[۶۵] را گرفتیم. سه نفر را اسم برد. آقای حاج

---

[۶۴] سرلشگر حسن پاکروان، از تاریخ ۲۴ اسفند ماه ۱۳۳۹ تا ۷ بهمن ۱۳۴۳ (۱۴ مارس ۱۹۶۱ تا فوریه ۱۹۶۵) ریاست سازمان اطلاعات و امنیت کشور را به عهده د اشت. نگاه کنید به خاطرات فاطمه پاکروان در مجموعه تاریخ شفاهی ایران در دانشگاه هاروارد.

[۶۵] آیت الله بهاءالدین محلاتی.

آقا حسن قمی را در مشهد. دیگر بیشتر از این من خاطرهٔ شخصی ندارم.

ض ص: بله. اعتراض جامعه روحانیون به مسئله اصلاحات ارضی [قطع کلام].

م ح: آن بعد شروع شد.

ض ص: عرض کنم یا حق رأی زنان و یا خدمت نظام وظیفهٔ زنان، در ارتباط با این موضوع بین دستگاه دولت و روحانیون شما هیچ اطلاع خاصی دارید؟

م ح: نخیر، اطلاع خاصی ندارم برای این که نبودم در ایران.

### آیت الله خمینی در تبعید

ض ص: بله شما تشریف نداشتید. عرض کنم، شما بعد از تبعید آقای خمینی به نجف دیگر هیچ وقت ایشان را ندیدید؟ وقتی که ایشان [در] نجف بودند با ایشان در ارتباط بودید؟

م ح: نخیر، نه. وقتی که ایشان نجف بودند، من در دانشگاه تورنتو تز دکترایم[۶۶] را می نوشتم. عرض کنم که یك مسئله ای بود که مربوط به عرفان بود. البته یك قدری اصطکاك مختصری داشت به عرفان. می خواستم این مطلب را از کتاب های ابن العربی، از فتوحات مکیه، کتابی که نوشتهٔ محی الدین عربی است، این را در آن تزم وارد کنم. یك تکه ای بود. هر چه خواندم، نفهمیدم چه می گوید چون خیلی عرفانی بود و مغلق. [هر چه]

[۶۶] Mehdi Ha'iri Yazdi, *The Principles of Epistemology in Islamic Philosophy: Knowledge by Presence* (New York: State University of New York Press, 1992).

فکر کردم کس دیگر - نه در ایران، نه در هیچ کجا - جز آقای خمینی به نظرم نیامد [که] بتواند این جمله را حل کند. یك کاغذی نوشتم و همین قسمت از فتوحات مکیه را که مورد نظرم بود، زیراکس کردم و گذاشتم لای پاکت و برای آقای خمینی به نجف فرستادم و از ایشان خواهش کردم که این مسئله را برای من حل کنند. جواب آن، یك جواب خیلی دوستانه ای بود و جوابش [را] هم حل نکرده بودند. گفته بودند (کاغذش را هنوز دارم) نوشته بودند خیلی خوشوقتم که شیخ کبیر، یعنی محی الدین عربی، تو را بعد از سال های سال به یاد من انداخته و از دور به یاد من افتادی و اینها. و من دیگر آن قدرت و تفکر که شما از من سراغ دارید، در من نمانده و من دیگر الان مسائل عادیم را هم درست درك نمی کنم، چه برسد به این مسائل عمیق عقلانی و عرفانی. خلاصه از زیر بار جواب در رفته بودند، ولی یك کاغذ مفصلی در جواب بنده نوشته بود. همین.

ض ص: حدوداً چه سالی بود، آقا، این ؟

م ح: بله. ۱۹۶۵[۶۷] بود.

### سرپرستی سفارت ایران در واشنگتن پس از انقلاب

ض ص: خوب، آقای دکتر حائری یزدی، شما بعد از انقلاب از طرف آقای خمینی و آقای دکتر سنجابی به سرپرستی سفارت ایران در واشنگتن منصوب شدید.

---

[۶۷] او در دهۀ ۱۹۷۰ در دانشگاه تورنتو رسالۀ دکترا می نوشته است. به احتمال زیاد منظور ایشان سال ۱۹۷۵برابر ۱۳۵۴ بوده است.

م ح: بله.

ض ص: این موضوع چه بود آقا و چه خاطراتی از رفتن به سفارت دارید؟ در سفارت بعد از انقلاب چه خبر بود؟ آیا واقعاً اسناد و مدارکی در سفارت باقی مانده بود یا قبلاً آقای [اردشیر] زاهدی[68] همه را تمیز کرده بود و برده بود؟

م ح: بله، ما والله نتوانستیم بفهمیم این آقایان چه کاره اند. برای این که این آقایانی که خودشان را به عنوان انقلابی قلمداد می کردند، ریخته بودند و بیشتر سفارتخانه را اشغال کرده بودند و به ما هم مجال نمی دادند که آن جا آگاهی پیدا کنیم. علت این هم که من کنار کشیدم به علت همین مطلب بود.

ض ص: چه گونه شد که شما را انتخاب کرده بودند در آمریکا؟

م ح: من نفهمیدم. به هیچ وجه - آقای سنجابی هم مرا نمی شناخت تا آن وقت. به همین دلیل که اسم مرا هم غلطی نوشته بود. نوشته بود، «آقای سید مهدی حائری یزدی.» من سید نیستم. خود [آقای سنجابی]، آن نامه اش هست، نوشته بود ما با آقای خمینی تماس گرفتیم و از ایشان مصلحت اندیشی کردیم که چه کسی را ایشان صلاح می دانند - چون نقطۀ

---

[68] اردشیر زاهدی، فرزند سپهبد فضل الله زاهدی، ازدواج با شاهدخت شهناز پهلوی، ۱۹ شهریور ۱۳۳۶ (۱۰ سپتامبر ۱۹۵۷)؛ سفیر کبیر ایران در آمریکا، ۱۳۳۸-۱۳۴۱ (۱۹۵۹-۱۹۶۲)؛ سفیر کبیر ایران در انگلیس، ۱۳۴۱-۱۳۴۵ (۱۹۶۲-۱۹۶۷)؛ وزیر امور خارجه، ۱۳۴۵-۱۳۵۰ (۱۹۶۷-۱۹۷۱) و سفیر کبیر ایران در آمریکا، ۱۳۵۱-۱۳۵۷ (۱۹۷۲-۱۹۷۹). نگاه کنید به خاطرات او در مجموعه تاریخ شفاهی ایران در دانشگاه هاروارد.

حساسی است - به سرپرستی سفارت ایران در آمریکا منصوب بکنیم. آقای خمینی خودش گفته بود این مطلب را. آن مطلبی که آقای خمینی گفته بود عیناً مثل این که دستخط خود آقای خمینی بود. درست یادم نیست. توی کاغذهای من[ در] تهران هست. این جا همراهم نیست.

ض ص: بله.

م ح: عرض کنم که - یا گفتهٔ آقای خمینی یا دستخط آقای خمینی عیناً این بود - به طوری که یادم هست - که «من آقای حائری یزدی را دوست داشتم با معلومات کثیری که دارند در ایران می بودند الان و به ما کمک می کردند - بخصوص در ارتباط بین حوزه ها و دانشگاه ها. ولیکن حالا که در آمریکا هستند، بهتر این است ایشان در کار دخالت داشته باشند و سرپرست سفارت ایران در آمریکا باشند.»

ما هم چون دیدیم به این که خوب، با آن همه سابقهٔ رفاقتی که با آقای خمینی داشتیم، ایشان، بعد از این مدت، در حقیقت یک کاری را از ما خواسته که کمک بکنیم. این یکی [که] مسئلهٔ خصوصی رفاقت بود. یکی دیگر هم گفتیم که، خوب، بالاخره ممکن است که ما کاری برای ایران بکنیم و [برای] مردم خودمان و این خودش یک وظیفهٔ اخلاقی است، علاوه بر مسائل شخصی و روابط شاگرد و استادی و رابطه رفاقت.

با این دو یا سه دلیل رفتم. من آن وقت توی دانشگاه جورج تاون، همین طوری که می دانید، توی کندی اینستیتوت بودم. صبح ها یادم هست که اتومبیل سفارت، همان اتومبیل به اصطلاح خود سفیر. آن وقت هنوز آن اتومبیلش را نفروخته

بودند، می آمد صبح ها در حدود ساعت ۱۰، دم کندی اینستیتوت در جورج تاون و ما می رفتیم به سفارت. دو هفته شد. دو هفتهٔ پیوسته رفتیم به سفارت. یک قسمت کوچکیش که هنوز اعضای سابق سفارت از جمله یک خانم آمریکایی هم بود. اسمش یادم نیست. و دو سه نفر دیگر از اعضای سفارت بودند، از جمله مثل این که آقای پیرنیا هم بود.

ض ص: بله، بله.

م ح: بله. خلاصه دو سه نفر دیگر از اعضای سفارت در یک قسمت کوچک دیگر که دست ما بود و این اشخاص. خوب، تا آن جایی که ما یک قدری بررسی کردیم، از جمله چیزهایی که پیدا کردیم عبارت از این بود که گزارش داده بودند از قنسولگری ایران در نیویورک که یک پولی به مبلغ هفت ملیون و هشتصد و پنجاه هزار دلار متعلق به وزارت دریاداری [نیروی دریایی] ایران در یکی از بانک های آمریکا در زیر نظر قنسولگری ایران آن جا بوده و این آقایانی که به عنوان کودتا یا هر چیز از طرف آقای خمینی رفته بودند به پاریس یک نامه ای از آقای خمینی در دست داشتند که دو سه نفر از اینها را اسم برده بود که اینها خوب است که بر سفارت و قنسولگری های ایران در آمریکا نظارت کنند که اموال ایران هدر نرود. یک همچنین چیزی در دست داشتند. با در دست داشتن این نامه، رفته بودند قنسولگری ایران را در نیویورک اشغال کرده بودند.

خلاصه یک نفر از ایشان همان روز قبضه کردن قنسولگری، همهٔ این مبلغ را انتقال داده بود به حساب شخصی خودش – طبق آن مدرکی که به ما گزارش داده بودند. خوب، ما دیدیم که

بالاخره این یك کار ناحقی است. بدون مشورت با سفارت، بدون مشورت با مقامات وزارت خارجه، این پول را به چه دلیل منتقل به حساب شخصی خودش کرده. گفتند روزی پنج، شش هزار دلار بهرهٔ آن پول است. دقت کردید؟

ض ص: بله.

م ح: ما عیناً این مدارك را درست کردیم و تلکس کردم به وزارت خارجه ایران در تهران خطاب به آقای خمینی که یك همچنین پولی، یك همچنین شخصی منتقل کرده به حساب شخصی خودش و من خواهش می کنم که اگر چنانچه می خواهید من کاری از دستم می آید که این جا انجام بدهم برای شما و، به قول شما برای اسلام، برای ایران، شخصاً بدون حتی توسط وزارت خارجه . البته از دور شنیده بودم [که] آقای دکتر سنجابی مرد ملی است، ولی حضوراً [ایشان را] نمی شناختم. گفتم به این [جهت] که من میل ندارم با شخص دیگری که واسطه بین ما و شما باشد تماس بگیرم. اگر چنانچه میل دارید من این جا کاری بکنم، اجازه بدهید که من با خود شما تماس داشته باشم و خودتان دستور به من بدهید که اقلاً این افرادی که این جا مریدهای شما هستند، خودشان را پیوسته به شما می دانند، وابسته به شما می دانند، اینها احساس بکنند که من با خود شما متصل هستم. بنا بر این، یك قدری حرف شنوایی از ما پیدا کنند [تا] ما کاری انجام بدهیم. و اگر این کار را نکنید، من از انجام این خدمت معذرت می خواهم.

این تلکس را ما کردیم. بعد هم تلفن کردم به آقای دکتر سنجابی در وزارت خارجهٔ تهران که تلکس ما رسید؟ گفت،

«بله. تلکس شما رسید و ما یك پیك خصوصی گرفتیم که این تلکس را شخصاً ببرد به قم (چون آن وقت هنوز آقای خمینی قم بود) به آقای خمینی بدهد که کسی واسطه نباشد. به دست ایشان بدهد.»

ض ص: بله.

م ح: بعد دیدیم که یك هفته، دو هفته، سه هفته شد جواب نیامد. بعد هم دیگر بنده نرفتم به سفارت برای این که دیدم [که] رفتنم به سفارت جز اهانت [به] خود من چیز دیگر نیست. هر روز هم این بچه ها تحمیلاتی می کردند به ما. یك کسی را می فرستادند [قطع کلام].

ض ص: آقای شهریار روحانی، داماد دکتر یزدی آن جا بود؟

م ح: آقای شهریار روحانی. این آقای حسین لواسانی می آمدند. به مناسبت این که پدرش آقای لواسانی[۶۹] با ما رفیق بود، این حسین آقای لواسانی می آمد آن جا یك حرف هایی می زد از طرف آنها.

این را هم باید عرض کنم. آقای دکتر سنجابی هم در همان وقتی که بنده به عنوان سرپرست از طرف آقای خمینی منصوب بودم شخصی را به نام آقای اعتصام به عنوان کاردارسفارت از طرف خودشان فرستادند. ایشان بدون اجازه و مشورت با بنده همه کارهای سیاسی را از پیش خود انجام می داد و خیلی علاقه داشت که مرتباً با مقامات آمریکایی به عنوان سفیر کبیر ملاقات کند. همه اینها بدون مشورت با بنده بود. بنده در این حال حس کردم هر دو طرف ما را به افسانه

---

[۶۹] حجت الاسلام حاج سید احمد لواسانی.

گرفته اند و می خواهند به اسم ما، اما به نفع خودشان، استفاده کنند و ما را دست آویز قرار دهند. لذا نامه ای به آقای دکتر سنجابی نوشتم و از ایشان خواستم حدود مسئولیت های سر پرستی سفارت را برای بنده تعریف کنند و تکلیف ما را با آقای کاردار که نمایندهٔ مخصوص ایشان است مشخص نمایند و در غیر این صورت بنده از رفتن به سفارت معذرت می خواهم. خلاصه، من دیدم که اگر این طور باشد، جز اهانت به مقام علمی ما هیچ نتیجه ای ندارد. از این جهت بود دیگر من نرفتم به سفارت تا این که رفتم به ایران.

به قم که رفتم، برای اولین بار بعد از این همه سال ها مفارقت، آقای خمینی آمدند به دیدن ما [در] منزل مرحوم پدرم. مرحوم آقای اخوی حضور داشت. حسین آقا [خمینی][۷۰] بود. احمد آقا [خمینی] بود. خود ایشان آمد به دیدن ما و من به ایشان گفتم که آقا شما اگر ما را به بازار حراج هم عرضه می کردید، بیشتر پول گیرتان می آمد [خنده روایت کننده] تا این که به این انقلابیون خودتان - به این بچه ها ما را فروختید. گفتند مگر چه شده؟ گفتم ما تلکسی فرستادیم. به قول خودمان زحمتی کشیدیم. یك جریانی را کشف کردیم به خاطر این که بیت المال مسلمین هدر نرود. گزارشی خدمتتان دادیم و شما هیچ اعتنا هم نکردید. اصلاً به ما حتی یك فحش هم ندادید [خنده] چه برسد به این که جواب [بدهید]. فرمودند، «نرسیده.» گفتیم، «بسیار خوب. پس بنده معذرت می خواهم.»

---

[۷۰] نوهٔ آیت الله خمینی و فرزند مصطفی خمینی.

بعد همان شب، چون مدارک را من همراهم برده بودم، نشستم دومرتبه با استناد به آن مدارک تمام وقایع را برای ایشان نوشتم و روز بعد که رفتم منزل ایشان به عنوان بازدید، خودم به دستشان دادم. به علاوه این که به دستشان دادم، شفاهاً گفتم، «آقا، اینها یک چیزهایی است که مربوط به شخص شما نیست و مربوط به بیت المال مردم است. این پول ها [نباید] بیخودی به جیب اشخاص برود. شما به خاطر چه به قول خودتان انقلاب کردید؟ به خاطر این که جلوی این حیف و میل ها را بگیرید. اگر این طور باشد که دیگر بدتر می شود از [گذشته].

بله، این کاغذ را خودش گرفت و بعد هم تا به حال اصلاً هیچ عکس العملی - نه آن وقت، نه تا به حال، اصلاً عملی انجام ندادند. آن آقا هم الان من می دانم جزو درجات و مقامات عالیۀ وزارت در یاداری است - کشتیرانی است.

ض ص: بله.

م ح: بله. یک وقت هم شنیدم که سرپرست نفت کش های خلیج فارس بوده، یک همچنین چیزهایی. خلاصه، پست مهمی داشته و الان هم دارد.

ض ص: بله. این نخستین دیدار شما پس از انقلاب با آقای خمینی بود؟

م ح: بله. بله.


## آیت الله خمینی و مجلس خبرگان

ض ص: آیا ملاقات دیگری هم با آقای خمینی داشتید؟

م ح: بله، یك یا دو ملاقات دیگر كه آن هم اتفاقاً شنیدنی است. عرض كنم كه سال بعدش بود. البته [بعد از ملاقات اول] من آمدم به آمریكا. بعد دو مرتبه [رفتم به ایران] چون سال ها هنگام تعطیلی و تابستان من برمی گشتم به ایران برای دیدار فرزندانم. سال بعدش رفتم به ایران. [این] هنگامی بود كه [موضوع] انتخابات [مجلس] خبرگان [مطرح] بود.[71]

در تهران كه منزلم بودم، عده ای از علمای درجهٔ اول تهران آمدند منزل ما و گفتند كه آقا شما چون روابط و دوستی خیلی دیرینه ای با آقای خمینی دارید و از شما حرف شنوی دارند، ما خواهش می كنیم از طرف ما فردا بروید با آقای خمینی ملاقات كنید و این پیام را بدهید. گفتم چیه پیامتان؟ گفتند به این كه ایشان اصرار دارند كه ما در مساجد، در سایر محافل عمومی، مردم را تلقین و تحریض بكنیم به شركت در انتخابات مجلس خبرگان و با [قطع كلام].

ض ص: یادتان هست آقا این آقایان كی ها بودند؟

م ح: بله. یكیش مرحوم آقای آقا میرزا محمد باقر آشتیانی بود. یكیش هم مرحوم آقا سید محمد علی سبط الشیخ بود. آقای آقا سید احمد شهرستانی بود. چند نفر دیگر بودند كه حالا آن بقیه شان را درست یادم نیست. عرض كنم كه من اول نخواستم بپذیرم. گفتم من چون می خواهم برگردم به آمریكا، دلم نمی خواهد در این مسائل [دخالت كنم]. دیدم كه، خوب، این آقایان خیلی اصرار كردند. گفتم كه خوب، مطلبتان چیه؟ گفتند به این

---

[71] مجلس خبرگان قانون اساسی جمهوری اسلامی ایران را در ۲۴ آبان ۱۳۵۸ (۱۵ نوامبر ۱۹۷۹) تصویب كرد.

که چون که ما شنیدیم و مسلم این است که از جمله کاندیداهای انتخابات خبرگان، بهشتی[۷۲] و مفَتح[۷۳] هستند. دقت کردید ؟

ض ص: بله.

م ح: و این دو نفر چون سلیقه شان یا اعتقاداتشان خیلی نزدیك به اهل تسنن و سنی هاست، اگر اینها بروند توی مجلس خبرگان حتماً آن مادهٔ قانون یا متمم قانون اساسی که می گوید مذهب رسمی ایران اسلام و طریقهٔ حقه جعفری است را از بین می برند، چون مسلك شان تسنن است. ما هم به هیچ وجه حاضر نیستیم که در یك همچنین انتخاباتی که اینها شرکت می کنند، شرکت بکنیم. اگر ایشان قول می دهند که اینها را از مدار انتخابات بیرون کنند و به جای اینها (یك لیستی داده بودند) اینها را انتخاب کنند که منظور ماست، و شرایط دیگری [که] درست یادم نیست، ما حاضریم که هرگونه فعالیتی که از دست ما بیاید انجام بدهیم.

بنده خوب، خلاصه، مأخوذ به حیا شدم، رو در بایستی گیر کردم و رفتم. رفتم به قم. صبح زود بود. شاید پیش از آفتاب، یادم نیست، یا اوایل آفتاب بود. من رفتم منزل آقای خمینی در قمو رفتم تو و ایشان هم فوراً از اتاقش آمد بیرون به این

[۷۲] آیت الله سیدمحمد حسین بهشتی، عضو شورای انقلاب، ۱۳۵۷–۱۳۵۸ (۱۹۷۹)؛ از مؤسسان و رهبر حزب جمهوری اسلامی، ۱۳۵۷ (۱۹۷۹)، رئیس قوه قضایی جمهوری اسلامی، ۱۳۵۸ (۱۹۸۰)؛ در ۷ تیر ۱۳۶۰ (۲۸ ژوئن ۱۹۸۱) در اثر انفجار بمب در دفتر مرکزی حزب جمهوری اسلامی کشته شد.

[۷۳] حجت الاسلام محمد مفتح، استاد دانشگاه و اولین رئیس دانشکده الهیات بعد از انقلاب، در ۲۷ آذر ۱۳۵۸ (۱۸ دسامبر ۱۹۷۹) به همراه دونفر نگهبانانش به قتل رسید.

اتاق. پشت سرش هم آقای احمد بود. مثل این که به آقای احمد آقا گفت برو بیرون. یادم نیست. گفت برو. بالاخره آقای احمد آقا رفت. ایشان که نشست روی زمین، روی همان دشکچه اش، احمد آقا رفت. من بودم و خود ایشان. من پیغام آنها را رساندم - بدون این که اسم [آنها را ببرم]. همین طور اصل پیغامشان را رساندم و گفتم به این که اینها از دو نفر از این کاندیداهای شما که در تهران دارید ناراحتند، ولی اسمشان را نبردم. منتظر بودم که بپرسند این دو نفر کی ها هستند تا اسمشان را ببرم.

خود ایشان فکرش رفته بود به یکی از این دو نفر، که مقصود آقایان علمای تهران آقای سید محمود طالقانی[۷۴] است. ایشان به من گفتند که از نقطه نظر آن شخص بگویید که ناراحت نباشند. من خودم چاره اش را می کنم. آن اختیارش دست من است. من تعجب کردم. گفتم کی را نظرتان هست؟ گفت، «مگر طالقانی را نمی گویند؟» گفتم، «نه، طالقانی را نمی گویند.» چون طالقانی هم، البته این را عرض بکنم، از قدیم الایام معروف بود به تمایلات تسنن و در حوزهٔ علمیهٔ قم این مطلب در باره ایشان شیوع داشت.

ض ص: بله.

م ح: گفتم، «نخیر، طالقانی را نمی گویند.» گفتند، «پس کی را می گویند؟» گفتم، «بهشتی و مفتح.» ایشان گفتند، «بهشتی اهل این حرف ها نیست.» گفتم، «والله، آقایان علمای

[۷۴] آیت الله سید محمود طالقانی، از علمای تهران و از رهبران نهضت آزادی و جنبش جمهوری اسلامی ایران. در ۱۹ شهریور ۱۳۵۸ (۱۰ سپتامبر ۱۹۷۹) در سن ۶۸ سالگی در تهران در گذشت.

تهران این طور می گویند. من که نبودم این جا. ولی سابقاً که من گه گاهی می آمدم تهران و برمی گشتم، دو سه بار حاج سید صدرالدین جزایری (که از علمای تهران بود) را یادم هست که ملاقاتشان می کردم. در این خلال شنیدم، آقای بهشتی را لعن می کرد. یك مرتبه من از ایشان پرسیدم، «آقا، چرا این سید را لعن می کنی؟» گفت، «به خاطر این که این آمده و رفته توی مسجد حسینیهٔ ارشاد و تبلیغ تسنن را می کند. می گوید ما بایستی که به شیخین احترام بکنیم. لعنشان نکنیم.» خلاصه این چیزی است که من از مرحوم آقای جزایری شنیدم.

و اما در مورد مفتح، به آقای خمینی گفتم که من خودم از مفتح یك داستانی دارم راجع به همین قضیه که در دانشگاه تهران اتفاق افتاد. من توی اتاق رئیس دانشکده الهیات آقای فروزانفر بودم، ایشان هم آمد. از مصر برمی گشت و رئیس دانشکده از او پرسید که چه خبر دارید از مسافرت؟ چه واقعه ای گذشت در مسافرت مصر؟ گفت به این که رفتم ملاقات کردم با شیخ جامعة الازهر و مفتی دیار مصر و اینها همه شکایت داشتند از این که ایرانی ها به شیخین (یعنی به عُمر و ابوبکر) بد می گویند. و این واقعاً یك کار خیلی بدی است، مزخرفی است و ما بایستی سعی بکنیم که این عادت از ذهن مردم ما بیفتد به خاطر این که ما حق نداریم به این دو بزرگوار لعن بکنیم، یا بدگویی بکنیم، یا اهانت بکنیم. این چیزی بود که آقای مفتح می گفت آن جا.

من به آقای مفتح گفتم که ما کاری به این حرف ها نداریم ولی از نقطه نظر علمی من هم نسبت به خلیفهٔ دوم عمر بن

خطاب ایراد دارم و حق هم دارم که ایرادم را بگویم. آن ایراد این است که به چه حقی ایشان در ایران که رفتند یا در مصر رفتند کتاب ها را سوزاندند؟ چه حقی داشت عُمر کتاب بسوزاند؟ اسلام را این طور بر ضد علم بی آبرو بکند. معرفی بکند که اسلام بر ضد علم است. کتاب چه تقصیری دارد؟ آن یك فضولی بود که در دین اسلام می کرد. روسیاهی برای اسلام ایجاد کرد و این گناه نابخشیدنی است.

به آقای خمینی گفتم این داستانی است که من با مفتح دارم. ایشان این جا که رسید گفتند، «آقا، ول کن. این شیخ یك وقتی یك حرف مزخرفی زده. تو دنبالش نکن.» من گفتم، «من دنبالش نکردم. این آقایان تهرانند که دنبال می کنند.» گفتیم، «بسیار خوب.» بعدش دیگر ما ساکت شدیم.

بعد این مطلب گذشت. مسئلهٔ پیغام گذشت. من به ایشان گفتم که آقا نظر بنده را اگر بخواهید در مسئلهٔ خبرگان به شما عرض بکنم یا نه؟ گفتند، «بله، بگو.» گفتم به این که نظر بنده این است که شما نه احتیاج به خبرگان دارید و نه احتیاج به مجلس مؤسسان. چون مجلس مؤسسان یك پیشنهادی بود که مهندس [مهدی] بازرگان[۷۵] آن وقت به ایشان کرده بود. گفتم، «بنده معتقدم که شما نه احتیاج به مؤسسان دارید نه احتیاج به خبرگان». گفتند، «چه طور؟» گفتم به این که در کتاب اصول، در اصول فقه، در علم اصول فقه یك قاعده ای هست به اسم قاعدهٔ «اقل و اکثر ارتباطی.» اقل و اکثر ارتباطی یك قانونی است.

---

[۷۵] مهدی بازرگان، بنیان گذار نهضت آزادی ایران و نخست وزیر، ۱۳۵۷–۱۳۵۸ (۱۹۷۹).

یك قاعده ای است در اصول فقه و می گوید به این که یك مجموعه ای که مرتبط با یکدیگر باشد، به صورت یك واحد قانونی بخواهد عمل بکند که مجموعه ای از یك سلسله موادی باشد که مرتبط با یکدیگر باشند، اگر یکی از این مواد مورد شك یا مورد خللی واقع شد که از کار افتاد، و از تنجز یا فعلیت و کارآیی افتاده شد، بقیهٔ مجموعه سر جای خودش باقی است و فعلیت دارد. کارآیی دارد. به خاطر یکی از این مواد، همهٔ مجموعه از کار نمی افتد. تمام بقیهٔ مجموعه سر جای خودش باقی است و در حال فعلیت و کارآیی خودش خواهد بود. قانون اساسی مشروطیت ایران ما هم همین طور است. یك مجموعه ای است از مواد. یك مجموعهٔ واحدی است از مواد مرتبط با یکدیگر. به قول خودتان، شما انقلاب کردید. یکی از این مواد که مربوط به سلطنت بوده -رژیم شاهنشاهی سلطنتی بوده - از کار افتاده. درست است؟ بقیهٔ دیگرش برای چه؟ بقیهٔ دیگر مواد چه گناهی کرده. بنده معتقدم که روی همین مطلب شما فردا، همین فردا، دستور بدهید که انتخابات عمومی شروع بشود. مردم وکلای حقیقی خودشان -ملی خودشان - را تعیین کنند. مجلس باز بشود. مشغول کار بشوند. سر و صداها هم بخوابد. نه خبرگان احتیاج [است] نه مؤسسان.»

ض ص: پاسخ ایشان چه بود، آقا؟

م ح: ایشان هیچ حرف نزدند تا یك چند دقیقه ای که گذشت. سکوت ایشان به من برخورد کرد. من چون هیچ وقت از ایشان انتظار نداشتم و این عادت [را] هم هیچ وقت من از ایشان ندیده بودم تا آن وقت، چون از بیست سال پیش به این طرف با ایشان

هیچ آمد و شدی، دیداری نکرده بودم. سکوت کرد. سکوتش به من برخورد کرد. این سکوت چیزی بود که برای من بی سابقه بود. شاید روشی بود که در جریان انقلاب بر طبق مصلحت، ایشان به کار می بردند.

من به ایشان گفتم که آقا - به ایشان حاج آقا گفتم چون از اول به عنوان حاج آقا خطاب می کردم - گفتم، «حاج آقا، معلوم شد که حرف ما خیلی مزخرف بود برای این که شما هیچ جواب ما را ندادید. » ایشان برگشتند و گفتند، «به جان عزیز خودت،» با همین کلمه «به جان عزیز خودت، این بهترین حرف هایی بود که من از هنگامی که از پاریس آمدم به ایران شنیدم. » خوب، ما واقعاً خوشحال شدیم. در قلبم خیلی خوشحال شدم و خیلی با نهایت خوشحالی پا شدیم و آمدیم بیرون و فکر کردم که ما با یک ملاقات، کلی کار کردیم. هم موضوع آن پیغام را بکلی از بین بردیم و هم اصلاً یک کار اساسی برای مملکت کردیم. دیگر بکلی سر و صداها می خوابد.

ض ص: بله.

م ح: بعد آمدیم و دیدیم نه، ابداً هیچ عکس العملی داده نشد و به هیچ وجه اعتنایی به این پیشنهاد ما نشد. خوب، بعد فهمیدیم که ایشان یا اطرافیان ایشان یک نقشه های دیگری دارند. مسئله این نیست که بخواهند مملکت را اداره کنند، بلکه می خواهند ولایت فقیه درست کنند. من دیگر از آن تاریخ به بعد واقعاً از ایشان ناراحت شدم. دیگر از ایشان قطع رابطه کردم.

ض ص: این آخرین دیدار شما بود با ایشان بعد از انقلاب؟

م ح: آخرین دیدار نبود. یک دیدار دیگری که در حقیقت

کالعدم بود، آن از بس مختصر و نامطلوب بود، نمی خواهم دربارهٔ آن هیچ بگویم.

ض ص: عرض کنم خدمت تان، آن دیداری که شما مایل نیستید راجع به آن صحبت بکنید، آقای امینی راجع به آن موضوع صحبتی کردند و تعریف کردند. حالا من نمی دانم تا چه اندازه [قطع کلام].

م ح: بله، نمی خواهم [قطع کلام].

ض ص: صحبت و تشریح ایشان حقیقت دارد یا ندارد و درست هست یا نیست؟ ولی [قطع کلام].

م ح: البته آقای امینی هر چه بگویند درست است برای این که ایشان مرد صادقی است. ولی اصلاً من نمی خواهم در آن مسئله وارد شوم - چون واقعاً من دلم نمی خواست که با ایشان ملاقات کنم. منتهی چیزی که هست، ایشان پیغام داده بودند. من تقریباً تازه از آمریکا [آمده بودم.] مثل این که سال بعد از این ملاقاتی که اخیراً به شما عرض کردم [بود]. سال بعد بود. رفتم تهران. ایشان آمده بودند تهران. این ملاقات هایی که [قبلا] به شما عرض کردم در قم بوده است.

ض ص: در قم بوده، بله.

م ح: تنها یك ملاقات بود که من با ایشان در تهران کردم - پیش از این که ایشان به جماران بروند. جماران هم نرفته بودند. تازه از مریض خانه در آمده بودند. در اوایل خیابان دربند، منزل یك تاجری بود.

ض ص: بله.

م ح: ایشان به من پیغام داده بود به وسیلهٔ معصومه خانم،

عروسشان، دختر مرحوم برادرم، که من دلم می خواهد فلان کس را که آمده ملاقاتش کنم. من هم با نهایت اکراه رفتم. ملاقاتشان کردم و نمی خواهم حالا دیگر بیش از این بگویم.

ض ص: بله، خواهش می کنم.

م ح: شاید بیشتر از پنج، شش دقیقه طول نکشید که من با نهایت آزردگی خاطر آمدم بیرون دیگر.

ض ص: دیگر ایشان را ندیدید؟

م ح: نخیر.

### سناتور ادوارد کندی و آزادی گروگانها

ض ص: بله. این جریان آقای کندی[۷۶] (Edward Kennedy) و داستانش که به دیدار شما آمد و پیغام فرستاد برای آقای خمینی دربارهٔ گروگانگیری، این داستانش چه بود، آقا؟ آیا واقعاً کندی به دیدار شما در اینستیتوت آمد؟

م ح: نه. آقای کندی نخیر. ابداً.

ض ص: منظورم تد (Ted) کندی است.

م ح: نخیر، نخیر. البته کندی اینستیتوت به طور کلی به وسیلهٔ فوندیشن کندی (Kennedy Foundation) (بنیاد کندی) اداره می شود.

ض ص: بله، بله.

م ح: و تولی امورش هم با آقای شرایور[۷۷] و خانم شرایور

---

[۷۶] ادوارد کندی، برادر جان کندی (رئیس جمهور آمریکا) و سناتور ایالت ماساچوست.

[۷۷] سارجنت شرایور (Sargent Shriver)، اولین رئیس سپاه صلح حکومت کندی و همسر او یونیس کندی شرایور (Eunice Kennedy Shriver).

است که خواهر کندی هاست. آنها دائماً می آمدند توی انستیتو و گاهی هم آقای شرایور سری به ما می زد و احوال پرسی می کرد. بیشتر از این نبود. و خود آقای تد کندی هیچ وقت من یادم نیست توی کندی اینستیتوت آمده باشد.

ض ص: بله.

م ح: کسی که به اداره من در اینستیتوت آمد یکی از اشخاصی بود که می گفت که من جزو ملتزمین رکاب آقای تد کندی هستم - در هنگامی که ایشان کاندیدای ریاست جمهوری آمریکا[۷۸] بودند - و آن شخص کسی بود که مثلاً به مسائل ایران و خاورمیانه آشنایی داشت. او حالا از طرف آقای کندی آمده بود، یا خودش آمده بود، این را هم من نمی دانم. عرض کنم که آمد توی دفتر من و یك قدری راجع به اوضاع و احوال ایران صحبت کرد. من هم آنچه را یاد داشتم و توی نظرم بود به او گفتم، نه بیشتر نه کمتر. بعد که در روزنامه ها، نمی دانم در کجا، دیدم آقای کندی، در یکی از این استیت های [ایالات] آمریکا، همان وقت نطقی کرد و راجع به ایران هم صحبت کرد، چنین احساس کردم، این طور تشخیص دادم، که خیلی از آن مطالبی که ایشان در نطق مبارزه انتخاباتی گفتند، مطالبی بود که من با آن شخص مطرح کرده بودم. دقت کردید؟

ض ص: بله.

م ح: که [این نطق] یك کمی به اصطلاح به طرف مصالح مردم ایران بود. بعد از این که این نطق را من از آقای کندی در تلویزیون شنیدم - در روزنامه ها خواندم - احساس کردم که

---

[۷۸] سال ۱۳۵۹ (۱۹۸۰).

شاید ما خوب است که یك کار خوبی بکنیم که به اصطلاح هم یك کار خیری برای مملکت خودمان، برای مردم خودمان، [و هم] برای مردم این جا، هر دو کرده باشیم. به نظرم آمد که چون نطق کندی نسبت به ایران خیلی خوب بود - گرایشی به سوی مسائل ایران داشت - پیش خودم گفتم به این که الان وقت این است که اگر چنانچه گروگان ها را در اثر همین نطق ما بتوانیم که به وسیلهٔ آقای کندی آزاد بکنیم - گروگان های آمریکایی [را] که در ایران هستند آزاد بکنیم - در حقیقت با یك تیر دو هدف را زدیم. یکی این که گروگان ها را آزاد کردیم. دیگری این که آقای کندی در اثر همین آزادی گروگان ها به ریاست جمهوری انتخاب می شود و مسائل ایران و بخصوص مسائل اقتصادی به حل نهایی خواهد رسید. دقت کردید؟

ض ص: بله.

م ح: و شاید اصلاً مسائل منطقه [خاورمیانه] یك قدری رو به حل برود، برای این که، خوب، بالاخره وقتی که مسائل ایران بر اساس این فرضیه حل شد، مسائل تابعه هم خود بخود حل و فصل خواهد شد و بالنتیجه تاثیر صهیونیست ها در مسائل ایران و منطقه به پایان خواهد رسید. روی این نقطه نظر گفتیم خوبست ما اول با آقای خمینی تماس بگیریم که [آیا] ایشان آماده هستند که ما در مورد گروگان گیری با آقای تد کندی مذاکره کنیم یا نه. بدون این که از ایشان موافقتی احساس کنیم، صلاح نیست که ما ابتدائاً با آقای تد کندی ملاقات کنیم. از این جهت من تلفن کردم. چون مرحوم آقای اخوی ما در این مسائل سیاسی وارد نبودند، گفتم بهترین کسی را که به نظرم

می آمد ممکن است که مطلب را زود به آقای خمینی برساند، آقای صدوقی یزدی است، چون خود آقای خمینی که نه تلفن برمی دارند، نه مستقیماً با خارج تماس می گیرند. یا احمد آقا می آمد وسط، یا یك کس دیگر می آمد وسط که بکلی اصلاً نقش بر آب می شد. دقت کردید؟

ض ص: بله.

م ح: گفتم تنها کسی که می تواند این کار را خودش برود به آقای خمینی ابلاغ کند و ایشان را ببیند و مسائل را مطرح کند، آقای صدوقی یزدی است که در یزد است.

ض ص: آیت الله صدوقی؟

م ح: بله، به اصطلاح آیت الله. آقای صدوقی در یزد بود. این آقای صدوقی خیلی با ما و خانوادهٔ ما، از ابتدا با فامیل ما خیلی [نزدیك] بود، در حقیقت عضوی از اعضای خانواده ما بود. خیلی آمد و شد زیاد داشت و خیلی نسبت به ما ادب می کرد و همیشه به احترامات فامیل ما متعهد بود، چون در حقیقت خودش را ساختهٔ مرحوم پدرم می دید. البته آن وقت خیلی کوچك بود.

به یزد تلفن کردم و به او گفتم که زود پاشو از یزد برو و آقای خمینی را ملاقات کن و این قضیه را به ایشان بگو. بگو الان یك موقع خوبی است که ما بتوانیم این کار را بکنیم. اگر واقعاً شما آماده هستید، ما با آقای کندی تماس بگیریم. ولو این که ممکن هم هست که من از ایشان تقاضا بکنم که به اتفاق بیاییم به تهران [به] ملاقات آقای خمینی تا این که گروگان ها را آزاد بکنند. آقای صدوقی، یادم هست، آن وقت امام جمعهٔ یزد

بود. به من پشت تلفن گفت پس فردا روز جمعه است. من موقع نماز جمعه ام است. نمی توانم بروم به قم. گفتم، «برو بابا، نماز جمعه را به یک نفر دیگری واگذار کن. این کار خیلی ثوابش بهتر از نماز جمعه است. برو.» من حتی به صورت تحکم هم به او گفتم، چون این لازم بود. گفت، «بسیار خوب. چشم.»

ایشان هم همان وقت رفته بود با آقای خمینی صحبت کرده بود و شاید شب بعدش از قم به من تلفن کرد که من رفتم به قم و با ایشان صحبت کردم. ایشان گفتند که نه، به هیچ وجه، من حاضر نیستم با کسی ملاقات کنم. فلان کس هم آمریکایی ها را درست نمی شناسد و به فلان کس هم بگویید که در این کار مداخله نکند. گفتم بسیار خوب. پس ولش کن.

ولی خوب، آقای صدوقی خودش آن وقت پشت تلویزیون تهران گفته بود به این که، بله، فلان کس به من تلفن کرد و نمی دانم چه و این حرف ها. یک سلسله شعار هایی هم شاید یا صدوقی گفته بود یا احمد آقا گفته بود که آقای کندی کاغذ نوشته، از این حرف ها که همه اش به نظر من بی ربط بود. این کل قضیه بود.

ض ص: بله.

م ح: یک انتشارات زیادی داده شد پیرامون این مطلب که کندی آمده مرا ملاقات کرده یا من رفتم ایشان را ملاقات کردم. البته اینها همش انتشارات بود. خیلی شایع شده بود به صورت واقعیات.

## آخرین دیدار با آیت الله شریعتمداری

ض ص: بله. آقای دکتر حائری یزدی، شما یك مقداری راجع به خاطراتتان دربارهٔ آیت الله شریعتمداری صحبت کردید. آن زمانی که آیت الله شریعتمداری در ایران به صورت یکی از رهبران انقلاب ظاهر شد، شما با ایشان ارتباطی داشتید؟

م ح: نخیر.

ض ص: [طی] اختلاف آقای شریعتمداری با آقای خمینی، در روزهای آخر زندگی ایشان، شما هیچ ملاقاتی با آقای شریعتمداری داشتید یا اطلاعی از وضع ایشان داشتید؟

م ح: بنده بله، اطلاع داشتم ولی ملاقات فقط یك ملاقاتی که دو روز پیش از فوت ایشان است - دو روز به فوت ایشان من در مریض خانه رفتم با نهایت پررویی، برای این که ملاقات ایشان ممنوع بود. اما بنده این ممنوعیت را نادیده گرفته و یك سره رفتم داخل اتاقی که ایشان در حال احتضار بودند و بیهوش بودند.

ض ص: خودشان ممنوع کرده بودند؟

م ح: نخیر، از طرف دولت ممنوع شده بود.

ض ص: به کسی اجازه نمی دادند ملاقات کنند؟

م ح: به هیچ کس. بله. من رفتم آن جا [قطع کلام].

ض ص: چرا می خواستید با ایشان ملاقات کنید؟

م ح: خوب، آمدند گفتند که حال ایشان خیلی بد است و بد نیست واقعاً برای تسلیت خاطر ایشان هم شده، شما بیایید و بروید. من [هم] رفتم. پیش خودم حساب کردم از دو حال خارج نیست. یا این که مرا می گذارند بروم، خوب، می روم و

می‌بینم و واقعاً سید اولاد پیغمبر در حال مرگ یک نوع تسلیت خاطری پیدا می‌کند. چه بهتر. اگر هم نگذاشتند بروم، باز به او می‌گویند [که] فلان کس آمد و نگذاشتند. باز این خبر هم خودش یک نوع تسلیت خاطر است. اتفاقاً رفتیم آن جا. پاسدار آمد جلوی ما و گفت به این که آقا [ناتمام]. گفتم برو. با نهایت بداخلاقی، اخم به او گفتم برو. او هم ترسید. نمی‌دانم شاید خیال کرد که من هم یکی از آن عوامل دستگاه هستم که این طور با او، با این قدرت و قوه و با این طرز و با این تحکم به او گفتم برو کنار. خلاصه، رفت کنار.

ض ص: شما در لباس روحانیت بودید؟

م ح: بله، در لباس روحانیت بودم. خیال کرد من یکی از آنها هستم. رفت کنار و ما هم به محضی که رفت کنار، رفتیم یک سره توی اتاق ایشان. ایشان اصلاً آن وقت چشم هایشان بسته بود. یا خواب بود یا بیهوش بود. بیهوش بود یا نزدیک به بیهوشی. یک برادری داشت [که] تاجر است. آن برادر تاجرش آمد و گفت فلان کس است، آمدند برای ملاقات شما. ایشان یک مرتبه چشمش را باز کرد.

## جلسهٔسوم: ۹ اردیبهشت ۱۳۷۱ برابر ۲۹ آوریل ۱۹۹۲

م ح: بله. سؤال فرمودید که ملاقات با آقای شریعتمداری [چگونه بود]. وضع ملاقات این شکل بود که من رفتم با صلابت و مهابت [و] آن پاسدار که آن جا ایستاده بود برای جلوگیری از ملاقات کنندگان جا خورد کرد و درجا زد و ما رفتیم توی اتاق و ایشان چشمش به هم بود و یا بیهوش بود. بالاخره رفتیم آن جا بالای سر ایشان نشستیم.

برادر تاجر ایشان که اسمش آقای سید جواد حائری هست. (نمی دانم حالا چرا حائری هست، ایشان شریعتمداری است و او حائری.) آقا سید جواد حائری که از تجار معتبر تهران است و برادر آقای شریعتمداری، [آن جا] بود. ایشان رفت و آن جا بالای سر ایشان و گفت فلان کس آمده برای ملاقات شما و دیدار شما. ایشان چشمش را باز کرد و خیلی خوشوقت شد. ما هم سلام و علیك کردیم و احوال پرسی کردیم. بعد ایشان فرمودند که شنیدم مرحوم آقای اخویتان فوت کردند و تسلیت می گویم به شما. ما هم تشکر کردیم از مقام ایشان و من ضمناً به ایشان گفتم، «آقا شما غصه نخورید. شما مقامتان محفوظ است، پیش همه و اول پیش خدا بعد هم پیش همهٔ مردم واقع بین، مقامتان محفوظ است و بالاخره از این جریانات متأثر نباشید. شما کسی هستید که جزو، به نظر من، یادگارهای مرحوم پدرم هستید و ما به شما و همه مردم به شما احترام می گذارند و غصه نخورید. متأثر نباشید. ان شاء الله که امیدواریم خداوند

شفا عنایت کند.» از این صحبت ها کردیم یك قدری و ایشان کمی سر حال آمد و حتی پا شد یك کمی نشست. من دیدم دیگر بیشتر از این مزاحمت است برای حال ایشان، خداحافظی کردم و آمدم بیرون.

این بود آخرین ملاقات بنده با آقای شریعتمداری که آقای شریعتمداری بعد از چند روزی یا دو روز بعد فوت کردند.

### سردار سپه و تمایل او به جمهوریت

ض ص: خیلی ممنون. آقای حائری یزدی، در نوارهای پیشین، شما راجع به روی کار آمدن رضا شاه صحبت کردید که در اوایل رضا شاه مایل بود که رئیس جمهور ایران بشود ولی روحانیون با جمهوری مخالفت می کردند و سلطنت را ترجیح می دادند. می توانید تا آن جایی که خاطرتان یاری می کند یك مقداری برای ما توضیح بفرمایید که چه طور بود که روحانیون سلطنت را به جمهوری ترجیح می دادند.

م ح: والله بنده خیال می کنم، شخصاً البته خیال می کنم چون آن وقت خیلی کودك بودم. هیچ وارد این مسائل نبودم که ببینم علت این قضیه، علت سیاسی و تاریخی اش چیست. ولی خودم حدس می زنم که علت این جریان این بود که آقایان علماء، مراجع تقلید بخصوص و دیگر آقایان علماء و روحانیون شیعه، سنی ها هم همین طور، درست اطلاعی از اوضاع جهان، از فرمول های حکومتی، سیستم های مختلف حکومتی ندارند. شاید به نظر بنده علت این که سلطنت را ترجیح دادند بر جمهوری این بود که چون همسایهٔ شمالی ما روسیه بود و

روسیه یك سیستم جمهوری تشکیل داده بود و جمهوری اعلام کرده بود، اینها از کلمه جمهوری می ترسیدند که مسئله، مسئلهٔ تمایل به شوروی بشود و بالاخره آن سیستم تحمیل بشود بر ایران که ضد دین و ضد خدا و امثال ذلك بود. از این جهت اینها سعی می کردند که در پیچیدگی های جمهوری گرفتار نشوند. به علاوه سلطنت، خوب، یك جریان خیلی قدیمی بود. اینها عادت کرده بودند رابطه داشته باشند با پادشاه. شاه با آنها رابطه داشته باشد. این یك جریان سنتی قدیمی بود که شاه همیشه با علماء یك رابطهٔ مستقیمی داشت از زمان های بسیار پیشین. از زمان صفویه به این طرف بخصوص زمان صفویه که روابط روحانیت با دربار ایران بسیار قوی بود و بسیار به اصطلاح محکم بود. داد و ستد بسیار عمیقی می داشتند. بعد هم در زمان قاجاریه این رابطه همین طور یا شدت بیشتری داشت یا بالاخره به همان شدت زمان صفویه بود و تا زمان پهلوی این جریان ادامه داشت. از این جهت روحانیون و مراجع عادت کرده بودند به سیستم سلطنت. وقتی که انسان به یك سیستمی عادت بکند، البته میل دارد که تا اندازه ای که توان دارد آن سیستم را حفظ بکند.

عرض شود که بله، بعد که رضا شاه آمده بود، گفته بودند به این که اگر چنانچه شما قول می دهید به ما که این پادشاهی همچون نقشی بر دیوار باشد، ما هم با شما مخالفت نخواهیم کرد. ملاقات رضا شاه - یعنی رضا خان آن روز- با آقایان مراجع که مرحوم پدرم بود و مرحوم آقا سید ابوالحسن اصفهانی و مرحوم حاج میرزا حسین نائینی در قم در منزل مرحوم پدر

ما واقع شده بود.

ض ص: بله این را توضیح فرمودید روی نوار هست.[۷۹]

م ح: بله.

## اختلاف وزارت فرهنگ و آیت الله بروجردی

ض ص: بله. آقای حائری یزدی شما در نوار پیشین تان دربارهٔ اختلاف وزارت فرهنگ با آیت الله بروجردی در دورهٔ دکتر مصدق دربارهٔ تدریس شرعیات در مدارس صحبت کردید. اما مطلب را نشکافتید و خاطره ای در این مورد به میان نیاوردید. ممکن است لطف بفرمایید این کار را انجام بدهید.

م ح: خاطرهٔ بخصوصی یادم نیست. به طور کلی، خوب، آقای بروجردی، خدا رحمتشان کند، یك مرجع تقلید بسیار خوبی بود -یعنی همهٔ مراجع تقلید خوبند، ان شاء الله، ولی ایشان یك رابطهٔ بسیار لطیفی با دولت وقت همیشه داشتند. آن جریاناتی که مربوط به مذهب و مربوط به خودشان بود، سعی می کردند به هر وسیله ای هست به اصطلاح سنگ خودشان را حك کنند و محکم بکنند، نظریهٔ خودشان را پیاده کنند و اجرا کنند. و آن جریاناتی که مربوط به سیاست جهانی و سیاست بین المللی و سیاست هایی که ارتباط مستقیم و زیادی به مذهب نداشت، در آن جریانات به هیچ وجه دخالت نمی کردند، بلکه شاید بعضی وقت ها کمك هم می کردند به دولت.

در مسائل شرعیات ایشان، خوب، می دانست که این یك جریانی است که باید انجام بشود به خاطر تربیت جوان ها و

---

[۷۹] نگاه کنید به ص ۱۲.

بچه های خودمان باید شرعیات گفته بشود، با یك نظم خوبی. این جریان بود در زمان مرحوم دکتر مصدق هم ایشان مداخله کرد در این جریانات و بالاخره منتهی شد به این که مرحوم آقای بروجردی چون به من تعلق خاطر زیادی داشتند چون من از جملهٔ شاگردهای مخصوص ایشان بودم. مرحوم آقای بروجردی بنده را معرفی کردند به عنوان مجتهد جامع الشرایط شورای عالی فرهنگ. مرحوم دکتر مصدق هم یك حکمی صادر کرد [که] بنده عضو مجتهد شورای عالی فرهنگ باشم. در آن موقع من هم رفتم به شورای عالی فرهنگ. [این] زمانی بود که آقای دکتر آذر – هنوز ایشان زنده هستند، انشاءالله خداوند سلامتشان بدارد.[۸۰] آقای دکتر آذر وزیر فرهنگ بودند، دکتر سیاسی بود، دکتر غلامحسین صدیقی،[۸۱] دکتر معین بود، خیلی ها بودند از این آقایان که همه شان رفتند، بیشترشان. بله، همین آقای دکتر سحابی هم عضویت داشتند. بنده هم به عنوان مجتهد شورای عالی فرهنگ مسائل شرعی را نظرمی دادم و به اصطلاح در آن جا هم از طرف دولت تقویت می شدم و هم از طرف مرحوم آقای بروجردی.

آن جا ما خیلی کارها کردیم ازجمله مسائل [ارزش یابی] مدارك اجتهاد، مدارك فتوا و اینها که [مثلا] می بایستی آن وقت شورای عالی فرهنگ درجهٔ اجتهادی از طرف کدام مراجع بپذیرد و امضاء کند. برنامه ریزی کردیم برای این مسئله. خودم

---

[۸۰] دکتر مهدی آذر در ۹ خرداد ۱۳۷۳ (۳۰ مه ۱۹۹۴) در ایالت ویرجینیا درگذشت.

[۸۱] غلامحسین صدیقی، استاد دانشگاه تهران، وزیر پست و تلگراف و تلفن و وزیر کشور کابینه مصدق.

برنامه ریزی کردم. در این حدود شرعیات و مسائل مذهبی [بود]. در شورای عالی فرهنگ صحبت من، نظر من، خیلی نافذ بود در اثر همین کمك های شخص مرحوم دکتر مصدق و از طرفی هم کمك های مرحوم آیت الله بروجردی. این بود جریانی که خاطره ای داشتم از رابطهٔ بین آقای بروجردی و مرحوم دکتر مصدق در موضوع شرعیات.

### امام موسی صدر

ض ص: آقای حائری یزدی شما اطلاعی دربارهٔ آقای امام موسی صدر دارید و ارتباط ایشان با آقای خمینی و سفر بعدیشان به لبنان و تشکیل سازمانی در آن جا؟

م ح: من اطلاع دارم آقای موسی صدر ارتباط خاصی با مرحوم آقای خمینی نداشت. اصلاً در آن صراط هم نبود که ارتباطی هم داشته باشد.

ض ص: اصلاً ممکن است یك مقداری راجع به سوابق ایشان که شما آشنایی دارید به ما اطلاع بدهید؟

م ح: آقای موسی صدر پسر مرحوم آیت الله آقا سید صدرالدین صدر است که مرحوم آقا سید صدرالدین صدر پسر مرحوم آقا سید اسماعیل صدر بوده. و آقا سید اسماعیل صدر از جملهٔ علمای مبرز نجف و سامره و جزو اصحاب مرحوم میرزای شیرازی بزرگ[۸۲] بوده. مرحوم آقا سید صدرالدین صدر

---

[۸۲] حاج میرزا سید محمد حسن شیرازی، فرزند محمود شیرازی، متولد شیراز ۱۲۳۰ هجری قمری (۱۱۹۴ ش و ۱۸۱۵ م). در اصفهان و بعدا در نجف نزد شیخ مرتضی انصاری به تحصیل پرداخت. بعد از در گذشت شیخ انصاری در رده علمای درجه اول در آمد و سپس در مقام مرجع

از عتبات می آید به ایران و اول می رود مشهد در آن جا داماد مرحوم حاج آقا حسین، مرحوم آیت الله حاج آقا حسین قمی، می شود. از آن جا از مشهد تشریف می آورند به قم و جزو اصحاب مرحوم پدر ما می شوند. آقا سید صدرالدین صدر از رده اول اصحاب و یاران مرحوم پدرم به شمار می رفت و مرحوم پدر خیلی احترام برای ایشان قائل بود.

ض ص: بله.

م ح: از جمله اشخاصی که بسیار نزدیک بودند به مرحوم پدرم مرحوم آیت الله آقا سید صدرالدین صدر بودند. ایشان فرزندانی داشتند که دو تایشان فرزندان نسبتاً تحصیل کرده و معروفی هستند. یکی آقای آقا سید رضای صدر است که بزرگتر از آقا موسی صدر است. ایشان فعلاً از علمای قم است، بسیار تحصیل کرده و مرد پر معلومات است. اهل قلم هم هست. گه گاهی کتاب هایی هم منتشر می کند، بسیار نافذ.

فرزند بعد از ایشان هم آقای آقا سید موسی صدر است. آقا سید موسی صدر خیلی کوچکتر از آقای آقا سید رضا صدر است. و ایشان در هنگامی که قم بودند هیچ ارتباط مخصوصی یادم نیست - یعنی یادم هست که هیچ ارتباط مخصوصی با مرحوم آقای خمینی نداشتند. برای این که تحصیلاتش آن قدر بالا نبود که مثلاً پیش آقای خمینی درس خوانده باشد، یا این که

---

تقلید قرار گرفت. در سال ۱۲۷۰ ش (۱۸۹۱) با اعطای امتیاز تنباکو به خارجیان مخالفت کرد، در شیوه تدریس فقه تجدید نظر کرد، استاد علمای نسل بعد من جمله آخوند ملا محمد کاظم خراسانی، محمد کاظم یزدی، محمد تقی شیرازی، حاج میرزا حسین نائینی و حائری یزدی بود. در ۱۳۱۲ هجری قمری (۱۲۷۴ ش و ۱۸۹۵ م) در گذشت و در نجف به خاک سپرده شد.

از شاگردهای به نام ایشان باشد. خلاصه، جزو طلاب معمولی بود و شاید مثلاً در حدود سطوح عالیه بود به قول روحانیون حوزه. از حدود سطح آن وقت که من بودم تجاوز نمی‌کرد و تحصیلاتش در حدود تحصیلات مرحوم بهشتی بود. بعد شد جزو شاگردان مرحوم آقای آقا سید محمد داماد – [همین] آقای آقا موسی صدر. تحصیلات خارج ایشان نزد مرحوم آقا سید محمد داماد بود. مقصود از درس خارج، خارج از کتاب است و دروس اجتهادی را می گویند درس خارج. دروس اجتهادی اش را پیش مرحوم آقا سید محمد داماد که آن هم داماد مرحوم پدرم بود و به همین مناسبت محقق داماد نام گرفته بود، پیش ایشان شروع کرده بود به خواندن. در این بین البته من اطلاع پیدا کردم و اطلاع داشتم که گه گاهی می رفت تهران و در دانشکدۀ حقوق شرکت می کرد. در آن جا هم لیسانسی از دانشکدۀ حقوق گرفت. در حینی که در قم مشغول تحصیل درس خارج بود، در آن جا هم لیسانسی در حقوق گرفت. به نظر بنده این طوری که یادم هست. بیش و کم تحصیلات و مقامات علمی ایشان [این طور بود. بیشتر از این] بنده اطلاع ندارم.

بعد یکی از علمای لبنان که اسمش مرحوم آقای آقا سید عبدالحسین شرف الدین بود. بسیار از علمای نافذ الکلمۀ لبنان بود. آقا سید عبدالحسین شرف الدین بسیار پر معلومات بود و کتاب های بسیار خوبی هم دارد. و ایشان خیلی متنفذ بود در شیعۀ لبنان در لبنان. ایشان چون با مرحوم آقا سید صدرالدین نسبت فامیلی داشت. آقا سید عبدالحسین شرف الدین – چون خودش احساس می کرد پیرمرد شده و رفتنی است – دلش

می خواست که یک شخصی را از فامیل خودش جایگزین خودش بکند. یک شخص جوانی را جایگزین خودش بکند که امور شیعه را در جبل عامل یا در لبنان متصدی باشد که بکلی زحماتش از بین نرود چون ایشان فرزندان لایقی برای این کار نداشت، از این جهت آقای آقا موسی صدر جلب توجه ایشان را کرد و رفت آن جا به لبنان. و الحق آقای موسی صدر جوان باهوش و درایتی بود.

وقتی رفت لبنان، مواجه شد با فوت مرحوم آقا سید عبدالحسین شرف الدین. آن جا کم کم صحبت کرد و با شیعۀ لبنان تماس گرفت. آن آقایان هم از او تأیید کردند و کم کم شد به اصطلاح یک فرد شاخصی در بین شیعۀ لبنان. و چون که، خوب، یک قدری وارد در مسائل روز بود - بهتر از مرحوم آقا سید عبدالحسین شرف الدین و بهتر از دیگران یک قدری جهان بینی مدرن و به اصطلاح مسائل جدید را بهتر از آن آقایان دریافت [می] کرد -از این جهت توجه عوامل به اصطلاح تحصیل کرده و دولتی لبنان را هم همین طور به خودش جلب کرد. کم کم شد به اصطلاح شاخص و برجستۀ علمای شیعه در لبنان. از آن طرف هم با ایران ارتباط داشت. مراجع تقلید که در آن وقت بودند به ایشان اعتماد داشتند، برای این که می خواست برای تمشیت مردم فقیر لبنان کمک مالی بگیرد. از این جهت با تجار ایران هم [در ارتباط بود].

آمد یک سفر از لبنان به ایران. من یادم هست، تماس گرفت با تجار، حتی با دولت، حتی ملاقات کرد با محمد رضا شاه پهلوی برای جلب توجه ایشان و دریافت به اصطلاح کمک های

مالی برای امور شیعه در آن جا. چون شیعیان لبنان خیلی فقیر و بی بضاعت بودند. از این جهت مردم ایران هم خیلی کمک کردند. مراجع هم به او کمک کردند. شد یک کانون قدرت در لبنان برای این که هم به اصطلاح از جنبه های مالی یک بسط یدی داشت [هم] برای این که مردم تحت تأثیر واقع شده بودند برای حفظ شیعهٔ لبنان و [به] فقرای لبنان به وسیلهٔ او کمک مالی می کردند. از این جهت ایشان دارای قدرت مالی شد و همین قدرت مالی موجب شد که دولت لبنان هم قدرت های سیاسی را که برای شیعه پیش بینی شده بود به ایشان واگذار کرد که از جمله مثلاً رئیس مجلس لبنان شده بود، و بر اثر همین شاخصیتی که به وسیلهٔ مردم ایران کسب کرده بود ایشان در کشور لبنان و دنیای عربی شهرتی کسب نمود و در این جریانات هیچ ارتباط خاصی با آقای خمینی نداشت. البته اینها همه مطالبی است که در خاطر بنده از دور ضبط شده اما درستی و نادرستی آنها را تعهد نمی کنم.

### ملاقات با اسدالله علم پس از پانزدهم خرداد ۱۳۴۲

ض ص: بله. آقای حائری یزدی شما بعد از رویداد ۱۵ خرداد از جانب بخشی از روحانیون با آقای علم ملاقات کردید و گفتگویی با ایشان داشتید. ممکن است آن داستان را برای ما توضیح بفرمایید؟

م ح: عرض کنم خدمتتان که، بله این جریانی بود که بعد از ۱۵ خرداد [پیش آمد]. البته نظرتان هست که آقای خمینی که گرفتار شده بود، بردندش از قم به تهران و در زندان بود. علمای

ایران همه جمع شدند در تهران، از جمله آقای شریعتمداری از قم و آقای میلانی از مشهد آمدند به تهران. سایر آقایان علمای ایران هم آمدند. یادم هست که مرحوم آخوند ملا علی همدانی که از علمای مبرز همدان بلکه سراسر غرب ایران بود او هم از جملهٔ شاگردان مرحوم پدرم بود، او آمد در تهران و وارد منزل بنده شد.

بله، آقای آقا ملا علی همدانی که از علمای بسیار مبرز بود در ایران محلش در همدان بود. چون که از جمله شاگردان خوب مرحوم پدرم بود، آمد به تهران در همان واقعهٔ پانزدهم خرداد و به منزل من وارد شد. مردم خیلی می آمدند به دیدنش: دولتی ها، رجال، از جمله رئیس ساواک آن وقت آقای [مکث].

ض ص: پاکروان بود.

م ح: بله. پاکروان می آمد آن جا. ولی من در مجالس آنها هیچ شرکت نمی کردم با این که آقای ملا علی خیلی اصرار می کرد که شرکت کنم و اظهار نظر کنم. ولی من چون از اول معتقد بودم که این انقلاب یا این جهشی که به راه افتاده بود یك جهش بدون مقصد است، یك جهش مبهم است از این جهت به هیچ وجه خودم شرکت نمی کردم. در هیچ یك از جریاناتش شرکت نمی کردم. مرحوم آقای اخوی بودند که از طرف خودشان اصالتاً و از طرف من به عنوان صاحب خانه [شرکت می کردند]. ولی من گاهی می رفتم به عنوان صاحب خانه آن کنار می نشستم دم در، برای این که بعضی از محترمین که می آمدند ازشان پذیرایی بکنم. بیشتر از این شرکت نمی کردم. حتی در ملاقات ها، بازدیدها، مرحوم آقای اخوی به جای من

تشریف می بردند، همراه با آقای ملا علی.

باری، وقتی که ایشان رفتند، همهٔ علمایی که آمده بودند به تهران رفتند. فقط دو نفر از آنها که آقای شریعتمداری بود و آقای میلانی باقی ماندند در تهران چون موقع انتخابات بود آن زمان. زمانی بود که اسدالله علم نخست وزیر بود و هی شعار می داد که انتخابات آزاد انجام می گیرد. خوب، بعد از این که به اصطلاح آقایان علما رفته بودند، فقط این دو نفر [مانده] بودند، من یک مرتبه صبح زود بود دیدم که تلفن صدا کرد. رفتم پشت تلفن دیدم که آقای شریعتمداری پشت تلفن به من می گویند به این که شما زود بیایید این جا. ما به شما کاری داریم. تعجب کردم. یک قدری ناراحت شدم که شاید واقعه ای اتفاق افتاده که این شکل ما را احضار کردند ایشان، برای این که من در جریانات سیاسی وارد نبودم. شاید یک واقعهٔ خصوصی ناهنجاری اتفاق افتاده، ولی گفتند نه، چیزی نیست، فقط ما می خواهیم از شما یک خواهشی بکنیم و در این جا من هستم و آقای میلانی و دلمان می خواهد که سومی ما شما تشریف داشته باشید و با شما مشورتی بکنیم.

من هم فوراً رفتم یک تاکسی گرفتم. منزل من در قلهک بود. خودشان آدرس دادند پشت تلفن که آخر امیریه. شاید آن تلفنی که فرمودند پیش از طلوع آفتاب بود. من رفتم تاکسی گرفتم و رفتم خیابان امیریه - آن آخر امیریه منزل یکی از تجار بود، تجار تبریز که آقای شریعتمداری آن جا بود. رفتم دیدم بله، آقای میلانی تشریف دارند و آقای شریعتمداری و کس دیگری هم نیست. من نشستم و ایشان خیلی اظهار لطف کردند و آقای

میلانی هم خیلی اظهار لطف کردند. بعد گفتند که ما می خواهیم از شما خواهشی بکنیم. گفتم بفرمایید. فرمودند که آقای نخست وزیر، آقای علم، ما که آمدیم به تهران هیچ به اصطلاح تشریفات احترامی برای ما انجام نداده حتی کسی را هم نفرستاده برای احوال پرسی یا اظهار عاطفه، اظهار ادب. از این جهت خودمان نمی خواهیم با او تماس بگیریم. به همین علت که هیچ اظهار تمایلی به ما نکرده و تنها کسی را که ما انتخاب کردیم، فکر کردیم که پیغام ما را ببرد شما هستید. شما باید قبول بکنید که از طرف ما بروید با آقای علم ملاقات کنید و پیغام ما را بدهید.

من گفتم آقا، شما می دانید من در این جریانات سیاسی عمداً وارد نبودم و الان هم نمی خواهم وارد بشوم. از طرفی هم من اصلاً نه آقای اسدالله علم را دیدم و نه ایشان مرا می شناسد. مناسبت ندارد که من بروم. گفتند که نه آن را خاطر جمع باشید. ما خودمان معرفی می کنیم به اندازهٔ کافی، ولی ما غیر از شما کس دیگر را صلاح نمی دانیم و نداریم کس دیگری را که بفرستیم. هر کسی را فکر کردیم - حالا نمی دانم چه فکری کرده بودند - به جای شما نمی شود.

بنده بعد دیدم که اگر اصرار بکنم به نرفتن و انکار از رفتن بکنم خیلی به ایشان برمی خورد بالاخره این دو نفر از مراجع تقلیدند. از طرفی هم من هیچ کاری در این جریانات به نفعشان انجام ندادم ولو [این که] علیه شان هم انجام ندادم ولی هیچ کار دیگری هم در جهت روش آنها انجام ندادم و اینها خیلی دلخور می شوند اگر چنانچه این کار جزیی را هم من قبول نکنم.

بالاخره، در آخر امر قبول کردم که بروم. فوراً آقای شریعتمداری پا شدند و رفتند پشت تلفن، گویا به طوری که من استراق سمع کردم فهمیدم که با آقای بهادری[۸۳] که آن وقت به اصطلاح سناتور تبریز بود صحبت می کردند. گفتند فلان کس آمده این جا. ما ازشان خواهش کردیم که از طرف ما پیغام ما را به آقای علم بدهند و اینها، و شما وقتی بگیرید که ایشان ملاقات کنند. شاید در حدود - خیلی زود - ده دقیقه نکشید یا شاید در حدود ده دقیقه، دوازده دقیقه یا الی حد نهایتی بیشتر از پانزده دقیقه نکشید که جواب آمد که فردا تشریف بیاورید به کاخ نخست وزیری و آقای علم آن جا منتظر شما هستند. بسیار خوب.

ما هم فردا رفتیم نخست وزیری. تا رسیدیم به در نخست وزیری، آن مستحفظ دم در گفت شما آقای حائری یزدی نیستید؟ گفتم چرا. داشتیم با او صحبت می کردیم - البته من توی ماشین نشسته بودم. از ماشین بیرون نیامده بودم. او آمده [بود] دم ماشین از من سؤال می کرد. در این بین دیدم کسی با تندی و با خیلی عجله از آن پله های بالا دارد می دود و به سوی من می آید. نشناختم کیه. آمد نزدیك و آن وقت خودش را معرفی کرد. گفت من دکتر کنی[۸۴] هستم. دکتر کنی رئیس

[۸۳] احمد بهادری، نمایندهٔ دورهٔ پانزدهم و شانزدهم مجلس شورای ملی از سراب و مجلس هفدهم تا بیستم از تبریز و نمایندهٔ انتخابی دورهٔ چهارم تا هفتم مجلس سنا از تبریز.

[۸۴] علینقی کنی، مدیر کل دفتر نخست وزیری، ۱۳۴۱ (۱۹۶۲)؛ وزیر مشاور، ۱۳۴۱-۱۳۴۲ (۱۹۶۲-۱۹۶۳)؛ معاون نخست وزیر، ۱۳۴۲ (۱۹۶۳)؛ دبیر کل حزب مردم، ۱۳۵۰-۱۳۵۱ (۱۹۶۱-۱۹۶۲) و وزیر مشاور و سرپرست اوقاف، ۱۳۵۷ (۱۹۷۸).

دفتر آقای اسدالله علم بود. برد ما را توی اتاق. خودش گفت،
«جناب آقای نخست وزیر فرمودند که چون اعلی حضرتین
تشریف فرما می شوند به شمال» (این عین عبارت آقای دکتر
کنی است)، «آقای نخست وزیر تشریف بردند برای مشایعت
اعلی حضرتین. دستور فرمودند که من یک چایی با شما صرف
کنم تا این که ایشان تشریف بیاورند.»

ما رفتیم توی اتاق آقای دکتر کنی. بعد از چندی، دقایقی
نکشید، آن هم زمانش خیلی کوتاه بود، ایشان [آقای علم] آمدند
و بعد آقای دکتر کنی ما را راهنمایی کردند به اتاق نخست
وزیری. [وقتی که] ما وارد شدیم، نخست وزیر پشت میز، به
قول سابق، در یک شاه نشینی بود. ایشان از جایش بلند شد و
آمد جلو. در وسط اتاق ما را ملاقات کرد و دست داد. بعد خودش
ما را هدایت کرد به یک صندلی ای و بعد هم خود ایشان با نهایت
ادب زیر دست من نشست و گفت، «من فعلاً آماده ام برای اسغاء
فرمایشات شما.» این را قبلاً یادم رفت عرض کنم. وقتی که
ایشان [آقایان مرجع تقلید] پیغامشان را در مورد انتخابات
دادند، گفتم خواهش می کنم که اجازه بدهید من متن پیغامتان
را به طور اجمال روی کاغذ بنویسم که چیزی از خودم علاوه
نکنم.

به هر حال آن کاغذی که پیغام ایشان را نوشته بودم از توی
جیبم در آوردم و گفتم من شخصاً عرضی نداشتم و ندارم، فقط
این پیامی است که از طرف دو مرجع تقلید عالی قدر مأموریت
پیدا کردم که به شما عرض کنم. شروع کردم آن پیغام را گفتن.
پیغام در مورد انتخابات بود. آن آقایان فرموده بودند که من به

آقای نخست وزیر بگوییم که اگر چنانچه انتخاباتی که می گویید می خواهید انجام بدهید واقعاً آزاد است - انتخابات آزاد می خواهید انجام بدهید - بایستی که این شرایطی که ما می گوییم را عمل کنید و اجرا کنید. (چند تایش یادم هست عرض می کنم. بقیه اش را شاید یادم رفته باشد.) این شرایط مهمش این بود که تمام آن اشخاصی که در زندان هستند، باید آزاد باشند. آن وقت، علماء هم در زندان بودند. وعاظ هم در زندان بودند. اهل منبر همه خیلی هایشان در زندان بودند.

ض ص: از جمله آقای خمینی. آقای خمینی هم زندان بودند؟

م ح: آقای خمینی شخصاً آزاد شده بودند. رفته بودند قم. بعد از رفتن آقای خمینی، اینها ماندند در تهران به خاطر این که یك فكری راجع به انتخابات بكنند.

ض ص: بله.

م ح: ولی آن آقایان روضه خوان ها و وعاظ و اینها هنوز در زندان بودند. این زندانیان باید همه آزاد بشوند و هر کسی از زندانیان که ارتباطی با ۱۵ خرداد داشته، باید آزاد بشود و این یك شرط. شرط دیگر این بود که آمد و شد در خانه های ما باید آزاد بشود. چون آن وقت به منزل این دو نفر مرجع تقلید هم کسی آزاد نبود که رفت و آمد بکند. پاسبان ایستاده بود و افراد را کنترل می کرد. به هر حال جلوی خانهٔ ما هم کسی نباشد که مانع و مزاحم مردم باشد و بعد هم وعاظ آزاد باشند که در منزل ما یا در مساجد در مورد انتخابات هرگونه که بخواهند تبلیغ بکنند، بدون گرفتاری و بدون هیچ قید و شرطی: معرفی بکنند کاندیداها را یا انتقاد بکنند از کاندیداهای دیگران و مخالف، و،

و و.

شرط سوم این است که ما هم اگر چنانچه بخواهیم یک دعوت عام عمومی بکنیم از مردم – حالا در مساجد یا در خانه های خودمان – دولت جلوگیری نکند و مانع نشود. از این شرایط.

ض ص: در واقع آزادی مطبوعات و آزادی اجتماعی و این چیزها را می خواستند.

م ح: بله. بله. در مورد همین شرط آخری که عرض کردم آقای اسدالله علم گفت که، خوب، اشکالی ندارد. اگر چنانچه بخواهند واقعاً یک میتینگی بدهند، یا یک جمیعتی را جمع کنند، صحبت بکنند، به ما قبلاً بگویند و ما ترتیبش را بدهیم که شهر شلوغ نشود. آن وقت این کار را بکنند اشکالی ندارد، اما به شرطی که اطلاع بدهند.

من به ایشان گفتم که شما مگر که اصلاً سنت عمل آقایان و مراجع تقلید را در نظر ندارید؟ اینها به هیچ وجه کسانی نیستند که اعلام میتینگ بدهند در مثلاً میدان امجدیه. بعد هم یکیشان – آقای میلانی یا آقای شریعتمداری برود آن بالا [خنده] و آقای شریعتمداری آن طرف شروع بکنند به شعار دادن. این طوری نمی گویند، بلکه توی خانه، توی مساجد، روضه تشکیل می دهند، عرض کنم، منبر می گذارند. اشخاصی که خوب صحبت می کنند از آنها دعوت می کنند که نظریاتشان را به مردم اعلام بکنند: توی مسجد شاه، توی مسجد جامع، از این مساجد عمومی. این طوری است اجتماعات مذهبی. آن طور نیست که شما فکر می کنید. خلاصه، از این گونه صحبت ها

بین ما رد و بدل شد.

گفت، «جناب آقای حائری یزدی» - این عین کلمات آقای
اسدالله علم است، خدا پدرش را بیامرزد - گفت، «من حس کردم
که با شما نمی توانم به طور مبهم صحبت کنم و یا با مجامله با
شما صحبت کنم، ولی روح قضیه را می گویم. و آن این است که
از طرف من، سلام بنده را به هر دو آقایان برسانید و به ایشان
بگویید به این که به تمام مقدسات عالم قسم، اسدالله علم
مسلمان است. مسلمان است و اعتقاد به مذهب دارد و اعتقاد به
خدا و دین اسلام دارد. اما آن آزادی که آقایان پیشنهاد کردند که
ما انجام بدهیم، آن را انجام نخواهیم داد زیرا که» - همین شکلی
می گفت - «زیرا که اگر این گونه آزادی را ما بدهیم، دیگر
مایی نخواهیم بود تا انتخابی بکنیم یا نکنیم. ما چه جور می
توانیم این طور آزادی بدهیم؟» دقت کردید؟

پیش از این که مطلب به این جا برسد، این جمله بین ما و
ایشان رد و بدل شد. ایشان گفتند، «اگر ما این شرایط را انجام
ندهیم، چه خواهد شد؟ و آقایان چه خواهند کرد؟ چه کار
توانستند بکنند؟ و چه کار می توانند بکنند؟» اینها را همه به
این شکل می گفت که خلاصه قدری جنبهٔ طنز و اینها داشت. «چه
کار توانستند بکنند؟ و چه کار می توانند بکنند در آینده؟»

ما دیدیم که ایشان خلاصه می خواست که پَر ما را، به قول
معروف، در این میان قیچی کند با این نحوه صحبت کردن. ما
هم در حقیقت قیافهٔ مخالفی به خودمان گرفتیم. گفتیم، «جناب
آقای علم، از شما خیلی بعید است. شما که به قول خودتان
خاندانتان جزو خاندان مذهبی هستند، می دانید که از آقایان

مراجع نباید سؤال کرد. جاهل را به عالم بحثی نیست. شما و امثال شما نمی توانید سؤال کنید که آقایان چه خواهند کرد. هر چه دلشان می خواهد می کنند، هر چه فتوایشان، نظریهٔ اجتهادشان ایجاب می کند می کنند. با شما مشورت نمی کنند که چه کار خواهند کرد چون شما مجتهد نیستید.»

وقتی این حرف را زدم، آن وقت ایشان گفت به این که «جناب آقای حائری یزدی، من احساس کردم که با شما نمی توانم با مجامله و سیاست صحبت کنم. باید لُب قضیه را بگویم به شما.» آن وقت گفت، «به آقایان بگویید که من اسدالله علم هستم و به تمام مقدسات عالم به خدا و دین مبین اسلام معتقدم، ولی این آزادی که شما می خواهید هرگز نخواهد شد، زیرا اگر ما این آزادی را بدهیم دیگر مایی نخواهیم بود تا انتخابی بکنیم یا نکنیم.»

در این بین یادم هست که سفیر کبیر پاکستان آمده بود آن جا نشسته بود. آمدند گفتند سفیر پاکستان آمده، ایشان هم اجازه دادند که بیاید تو. آمد تو و من هم پاشدم رفتم. ایشان تا دم در از من مشایعت کرد و ما هم برگشتیم به آقایان عین جریان را گفتیم. این بود ملاقات بنده با آقای علم.

ض ص: بله. آقای دکتر حائری یزدی، با عرض تشکر از وقتی که صرف کردید و با صبر و حوصله به پرسش های ما پاسخ دادید مصاحبه را در این جا پایان می دهم.

## پیوست شمارهٔ ۱
## معمای لاینحل جمهوری اسلامی و ولایت فقیه
## نقل از کتاب حکمت و حکومت، نوشتهٔ دکتر مهدی حائری یزدی[۸۵]

همان طور که در بخش های پیشین این نوشتار مشروحاً گفته شد، ولایت فقیه به معنای آیین کشورداری اساساً بدون پایه و ریشهٔ فقهی است. تنها مرحوم ملا احمد نراقی و معدودی از پیروان او تا عصر حاضر با یك مغالطهٔ لفظی، کلمهٔ حکم و حکومت به معنای قضا و داوری در دعاوی و فصل خصومات را که در برخی از روایات آمده است، به معنای حکومت و حاکمیت سیاسی و آیین کشورداری سرایت و تعمیم داده[۸۶] و به قول مولانا، «گر چه باشد در نوشتن شیر، شیر.» اما این آقایان تفاوت میان شیری که آدم آن را می نوشد و شیری که آدم را می درد، نشناخته اند و این یك مغالطه ای است که منطق آن را مغالطهٔ اشتراك در لفظ می نامد. ایشان نخست بر اساس این مغالطهٔ لفظی حکومت و حاکمیت فقیه را طرح ریزی کرده، آنگاه همین مفهوم مغالطه آمیز را با نظام جمهوری که به معنای حاکمیت مردمی است در هم آمیخته و از ترکیب این دو مفهوم

---

[۸۵] دکتر مهدی حائری یزدی، حکمت و حکومت (لندن: چاپ و صحافی انتشارات شادی، ۱۹۹۵)، ص ۲۱۵-۲۲۰. این مطلب به صورت مقاله در ۱۵ مرداد ۱۳۶۹ برابر با ۶ اوت ۱۹۹۰ نوشته شده و در تاریخ ۸ اردیبهشت ۱۳۷۱ در روزنامه نیمروز چاپ لندن منتشر گردیده است.

[۸۶] *عوائد الایام*، ملا احمد نراقی، صفحه ۱۹۰، چاپ سنگی، منشورات مکتبه بصیرتی.

«حکومت جمهوری اسلامی زیر حاکمیت ولایت فقیه» را از کتم عدم به عرصهٔ ظهور آورده اند که حاصل آن به طوری که هم اکنون مشاهده خواهیم کرد، یك معمای لاینحل و نامعقولی بیش نیست: معمایی که عقل بشریت هرگز از عهدهٔ حل آن بر نخواهد آمد.

این معما بدین قرار است: با صرف نظر از پیامدها و توالی فاسدهٔ غیر اسلامی و غیر انسانی که از آغاز جمهوری اسلامی تا هم اکنون در صحنهٔ عمل و سیاهنامهٔ تاریخی این رژیم نو ظهور حاکم در ایران مشاهده شده، بی تردید باید گفت که اساساً سیستم موجود هم در سطح تئوری و هم در مرحلهٔ قانونگذاری اساسی آن، یك سیستم متناقض و غیر منطقی و نامعقول است که به هیچ وجه امکان موجودیت و مشروعیت برای آن متصور نیست. زیرا «جمهوری اسلامی زیر حاکمیت ولایت فقیه»، یك جملهٔ متناقصی است که خود دلیل روشن و صریحی بر نفی و عدم معقولیت و مشروعیت خود می باشد. چون معنای ولایت، آن هم ولایت فقیه، این است که مردم همچون صغار و مجانین حق رأی و مداخله و حق هیچ گونه تصرفی در اموال و نفوس و امور کشور خود ندارند و همه باید جان برکف مطیع اوامر ولی امر خود باشند و هیچ شخص یا نهاد، حتی مجلس شورا، را نشاید که از فرمان مقام رهبری سر پیچی و تعدی نماید. از سوی دیگر، جمهوری که در مفهوم سیاسی و لغوی و عرفی خود جز به معنای حاکمیت مردم نیست، هر گونه حاکمیت را از سوی شخص یا اشخاص یا مقامات خاصی بکلی منتفی و نا مشروع می داند و هیچ شخص یا مقامی را جز خود

مردم به عنوان حاکم بر امور خود و کشور خود نمی پذیرد. بنا براین قضیه که: «حکومت ایران حکومت جمهوری» و «در حاکمیت ولایت فقیه است» معادل است با: «حکومت ایران حکومت جمهوری است» و «این چنین نیست که حکومت ایران حکومت جمهوری است.» و چون رژیم جمهوری اسلامی و قانون اساسی آن کلاً در این قضیهٔ مرکبه: Conjunction (P&~P) که فرمول تناقض منطقی است خلاصه می شود، به نظر اینجانب از همان روز نخستین از هر گونه اعتبار عقلائی و حقوقی و شرعی خارج بوده و با هیچ معیاری نمی تواند قانونیت و مشروعیت داشته باشد، زیرا یك تناقض بدین آشکاری را نیروی عاقلهٔ بشری هرگز نپذیرفته و نخواهد پذیرفت. و این قاعده ای در فقه است (قاعدهٔ ملازمه) که هر چیز که به تشخیص و حکم عقل محکوم به بطلان شناخته شد، شرع نیز همان چیز را مردود و باطل می شناسد.

این نتیجهٔ نامعقول تنها از نقطه نظر محاسبات منطقی و فلسفی است که رژیم جمهوری اسلامی را این چنین بی پایه و مخدوش و حتی غیرقابل تصور اعلام می دارد. اما به اصطلاح و در زبان فقهی و حقوقی اسلامی همین تناقض منطقی به گونهٔ دیگری شناخته می شود. و آن این است که فقهای اسلامی در مباحث معاملات به معنای اعم فرموده اند: هر شرطی که در یك قرارداد، یا یك معامله از هر نوع که باشد، مخالف حقیقت و ماهیت آن معامله و قرارداد می باشد، آن شرط خود باطل و علی الاصول موجب فساد و بطلان آن معامله و قرارداد خواهد بود و بکلی شرط و مشروط از درجهٔ اعتبار شرعی و عقلایی

ساقط خواهند بود. مانند این که فروشندهٔ خانه ای به مشتری خود بگوید: من این خانه را به تو می فروشم به شرط این که مالك خانه نشوی. و معلوم است که در این فرض، هیچ معامله ای امکان وقوع نخواهد داشت، زیرا صریحاً این بدان معنا است که: «من این خانه را به تو می فروشم» و «این چنین نیست که من این خانه را به تو می فروشم.»

در قرارداد[87] حکومت جمهوری اسلامی، که عاملین آن از طریق برانگیختن احساسات مذهبی که خود یك مغالطه از نوع مغالطهٔ «وضع مالیس بعلة علة» است، و با یك رفراندم عامیانه و جاهلانه این حکومت را بر مردم ایران تحمیل کردند، شرط رهبری ولایت فقیه ذکر شده و به طوری که گفته شد، این شرط در کل مخالف با ماهیت و حقیقت رژیم جمهوری اسلامی و موجب فساد و بطلان آن می باشد و در نتیجه بنا به رأی اجتهادی اینجانب، رفرندام و رژیمی که مورد رفراندم واقع شده بکلی از درجهٔ اعتبار فقهی و حقوقی ساقط و بلا اثر خواهد بود، و هر نوع قرارداد و معامله ای که از سوی این حکومت انجام گیرد، غیر قابل اعتبار و نافرجام می باشد. خواه این معامله در داخل کشور و با شهروندان کشور انجام پذیرد و یا در خارج کشور با شهروندان یا دولت های کشورهای دیگر. و در هر زمان که باشد، ملت ایران می تواند حقوق حقهٔ خود را در داخل و خارج مطالبه نماید.

حال اگر گفته شود، اگر به راستی این چنین است که

[87] ژان ژاك روسو حکومت یك کشور را به درستی قرارداد اجتماعی می نامد Social Contract.

جمهوری اسلامی بدین وضوح و آشکارایی از هیچ اعتباری برخوردار نیست پس چگونه است که تمام کشورهای جهان و محافل بین المللی آن را به رسمیت و اعتبار شناخته و عضویت آن را در جوامع خود پذیرفته اند؟ پاسخ این پرسش این است که پدیدهٔ ولایت فقیه، که ظهورش درصحنه سیاست کاملا بی سابقه و ناشناخته بوده است، تا هم اکنون که یک دهه از عمر خود را پشت سر گذاشته، حتی در نظر بسیاری از دست اندرکاران رژیم، بزرگترین مجهول تصوری و تصدیقی را به وجود آورده است تا چه رسد به مقامات خارجی و محافل بین المللی که حتی از تفسیر لفظی آن عاجز مانده اند و نمی دانند با چه ترفند و زبان دیپلماتیک یا مذهبی و غیره با پیامدهای غیر مترقبهٔ آن مواجه شوند. آنها ولایت فقیه را تا هم اکنون به معنای پاسداری و نگهبانی (Guardianship) مقامات عالیهٔ قضایی از قانون اساسی که یکی از چهره های والای دمکراسی و حاکمیت مردمی است، تصور می کنند و هنوز کلاس ابتدایی ولی امر مسلمین جهان را نخوانده اند که می گوید (و گفتهٔ او یک واقعیت ابدی و لایتغیر است!) که: ولی امر نه تنها بر اموال و نفوس مردم حق تصرف بالاستقلال را دارد بلکه احکام و دستورات او بر فرامین الهی همچون نماز، روزه، حج، و زکات برتر می باشد. و بالاتر از این مقام و منزلت را، یکی از شاگردان و پیروان بی قرار و بنام او [88] برای ولی امر قائل شده و می گوید: ولی فقیه تنها آن نیست که صاحب

---

[88] نقل از روزنامه رسالت چاپ تهران، به قلم آذری قمی، ۱۹ تیر ماه ۱۳۶۸، سرمقاله « انتخاب خبرگان و ولایت فقیه.»

اختیـار بلامعـارض در تصـرف در امـوال و نفـوس مـردم و خودمختـار در تصرف در احکام و شرایع الهی می باشد، بلکه ارادهٔ او حتی در توحید و شرک ذات باری تعالی نیز مؤثر است و اگـر بخـواهـد می تواند حکم تعطیل توحید را صـادر نمایـد و یگانگی پروردگار را در ذات یا در پرستش محکوم به تعطیل اعلام دارد. در توضیح این سخن، باید به این نکته توجه داشت که تعطیل توحید که این تلمیذ بلند آواز از جملهٔ اختیارات ولی فـقیـه می داند، تنها و تنهـا در دو صورت قـابل تصـور است: نخست این ولی فقیه با صدور یک حکم انقلابی اعلام دارد که اصلاً در جهان هستی خدایی نیست تا یکی باشد یا بیشتر، در این صورت معلوم است که ولی فقیه به تعطیل توحید، چه توحید در ذات و چه توحید در پرستش، حکم خود را صادر کرده است و تعطیل توحید را اعلام داشته است. دوم این که ولی فقیـه، بر حسب استنباط این نویسندهٔ والاشعار و خیال پرداز، از چنان منزلت رفیـعـی برخـوردار است کـه اگـر اراده کند می تواند با صـدور یک حکم، ذات بی همتـای پروردگـار را از حالت تنهایی و انفـراد بیـرون آورده و برای او شـریک در ذات وشریک در فعل و شریک در عبارت تعیین کند، کـه در این فرض طبیعتاً جز شخص شخیص ولی فقیه کسی را نشاید که بر مسند الوهیت تکیه زده و خلق را گروه گروه به سوی نابودی و مرگ نکشاند و بدین وسیله رسالت تمام پیامبران گذشته را که به توحید در ذات و یکتاپرستی دعوت کرده اند، خنثی و بی اعتبار سازد و این خـود بازگشت از توحید و گرایش آشکاری است به سـوی آئین دیرپای «ثنویت» که به یزدان و اهریمن می اندیشد.

یکی دیگر از مجذوبین و مستضعفین در آئین خردمندی،[89] ولایت فقیه را از ردهٔ مسائل فقهی خارج کرده و در عداد اصول دین همچون توحید، نبوت، و معاد شناخته است. باری، این است نتیجهٔ ابهام و نااستواری مفهوم ولایت فقیه.

یکی دیگر از معماهای لاینحلی که در نهاد خود این نسخهٔ مغلوط ولایت فقیه حاکم، با قطع نظر از ارتباط آن با سیستم جمهوری اسلامی، وجود دارد و مستقیماً مشروعیت حقوقی و فقهی خود را، در هر زمان که باشد، نفی می کند انتخابات و مراجعه به آراء اکثریت برای انتخاب مجلس خبرگان و آراء نمایندگان مجلس خبرگان برای تعیین رهبر و ولی امر است. و معنی این گونه مراجعه به آراء اکثریت این است که در نهایت امر، این خود مردمند که باید رهبر و ولی امر خود را تعیین کنند؛ همان مردمی که در سیستم ولایت فقیه همه همچون صغار و مجانین و به اصطلاح فقهی و حقوقی و قضایی «مولی علیهم» فرض شده اند. آیا در چه شرع یا قانون مذهبی یا غیر مذهبی این روش پذیرفتنی است و یا حتی قابل تصور است که «مولی علیه» بتواند ولی امر خود را تعیین نماید؟ اگر به راستی مولی علیه شرعاً یا قانوناً بتواند ولی امر خود را تعیین و انتخاب کند، او دیگر بالغ و عاقل است و طبیعتاً دیگر مولی علیه نیست تا نیاز به ولی امر داشته باشد. و اگر او به همین دلیل که می تواند ولی امر خود را انتخاب و تعیین نماید، مستقل و آزاد است و مولی علیه نیست، ولی امر او نیز عیناً به همین دلیل

---

[89] نقل از *کیهان اندیشه*،شمارهٔ ۲۴، خرداد-تیر ۱۳۶۸، مقاله «نقش امام خمینی در تجدید بنای امامت» به قلم عبدالله جوادی عاملی.

دیگر (بر اساس قانون تضایف) ولی امر او نخواهد بود. و اگر به راستی مولی علیه است و نیاز به ولایت و ولی امر دارد، پس چگونه می تواند پای صندوق انتخابات رفته و ولایت امر خود را گزینش نماید. اکنون به خوبی آشکار است که چگونه از وجود یک چنین ولایت فقیهی که در قانون اساسی جمهوری اسلامی به کار آمده، عدم آن لازم می آید و از عدم این چنین ولایتی وجود آن. یعنی اگر ولایت فقیه هست، ولایت فقیه نیست و اگر ولایت فقیه نیست، ولایت فقیه هست و این معما را هیچ قدرتی در جهان هستی نمی تواند حل و فصل نماید. این معما شبیه معمایی است که در مجامع فلسفه غرب به «معمای راسل» شهرت یافته که می گوید: اگر آری نه و اگر نه آری.

این ها برخی از نظراتی است که اینجانب، از روزهای نخستین، پیرامون تئوری حکومت جمهوری اسلامی و ولایت فقیه، داشته و دارم و اخلاقاً خود را متعهد یافتم که در اینجا اظهار نمایم تا مبادا این شایعهٔ اسف انگیز در اذهان عمومی، خدا نخواسته باشد، رسوخ یابد که این دشواریهای نابخردانه از نهاد خود دین مبین اسلام یا طریقهٔ مقدسهٔ شیعه و تعلیمات عالیه و متعالیهٔ ائمهٔ اطهار علیهم السلام برخاسته و بالنتیجه نا آگاهان به روش اندیشمندی، اصول و مبادی شریعت را زیر سؤال قرار دهند. و اما در مورد رابطهٔ منطقی و کلی حکومت با اسلام به طور کلی حکومت های دمکراسی در بخش های گذشتهٔ همین کتاب به تفصیل بیان گردید.

## پیوست شمارهٔ ۲
## طرح تاریخ شفاهی ایران

**کلیات**

طرح تاریخ شفاهی ایران در شهریور ۱۳۶۰ (سپتامبر ۱۹۸۱) در مرکز مطالعات خاور میانه دانشگاه هاروارد کار خود را آغاز کرد.

هدف اصلی این طرح ضبط، گردآوری و حفظ خاطرات شخصیت هایی بود که یا در تصمیم گیری های خطیر و رویدادهای مهم سیاسی ایران شرکت داشته و یا از نزدیک شاهد آنها بوده اند.

در آغاز، فهرستی مقدماتی از نام کسانی که برای انجام مصاحبه در نظر گرفته بودیم تهیه شد. در این فهرست که نزدیک به ۳۵۰ نام را در بر می گرفت، نام اعضای خاندان پهلوی، همهٔ نخست وزیران پیشین، اعضای مهم هیئت دولت و قوه مقننه و دستگاه قضایی، دست اندرکاران رسانه های گروهی، مدیران بخش خصوصی، سران عشایر و ایلات، رهبران احزاب و گروه های سیاسی، شخصیت های مخالف رژیم پیشین که بعضی از آنان در ایجاد یا تحکیم جمهوری اسلامی نقش داشتند، افسران عالی رتبه، مأموران بلندپایهٔ ساواک و رهبران و دیپلمات های خارجی که در رویدادهای سیاسی ایران دست داشتند، منظور شده بود.

اما، از آن جا که مصاحبه با همهٔ این کسان نه ممکن بود و نه مفید، پس، از میان آنان تدریجاً ۱۳۴ نفر را بر گزیدیم. پیوست شمارهٔ ۲ فهرست نهایی نام این افراد را نشان می‌دهد.

## استفاده از خاطرات

بخش اصلی طرح تاریخ شفاهی ایران در سال ۱۳۶۷ به پایان رسید. حاصل این کوشش حدود ۹۰۰ ساعت نوار و ۱۹ هزار صفحه متن ماشین شده است که در کتابخانه‌های دانشگاه هاروارد و دانشگاه آکسفورد (انگلیس) نگه داری می شود. همچنین میکروفیش این خاطرات در چند کتابخانه آمریکایی و اروپایی موجود است. (اسامی این کتابخانه ها در پیوست شمارهٔ ۳ آمده است.) آن گروه خاطراتی که انتشار و استفادهٔ آنها محدودیت زمانی ندارد و نیز، خاطراتی که زمان محدودیت شان به پایان رسیده است، هم اکنون در دسترس پژوهندگان قرار دارند. همچنین بخشی از این خاطرات، به تدریج از طریق اینترنت در اختیار علاقه مندان قرار خواهد گرفت.[۹۰]

## برنامهٔ نشر شماری از خاطرات

دانشگاه هاروارد در نظر دارد هر سال شماری از خاطرات موجود در مجموعهٔ تاریخ شفاهی ایران را منتشر کند. این برنامه با نشر خاطرات علی امینی آغاز گردید و با انتشار خاطرات دکتر مهدی حائری یزدی ادامه می یابد. صورت

---

[۹۰] نگاه کنید به ص ۱۶۶.

خاطرات منتشر شده در پشت جلد همین کتاب چاپ شده است.

در پی انتشار جلدهای پیشین این مجموعه، بعضی خوانندگان خواندن آنها را دشوار یافتند و خواستار حک و اصلاح کامل متن ها شدند. به نظر آنان، وفاداری ویراستار این مجموعه به شکل گفت و گوها، از روانی زبان متن می کاست.

در این باره باید توضیح داد که روش ویرایش این مجموعه را متناسب با هدف تاریخ های شفاهی برگزیده ایم. معمولاً منابع و مآخذ مورد استفادهٔ پژوهش گران برای تدوین و تألیف مقاله ها، رساله ها و کتاب ها بر دو نوع است:

۱) منابع اصلی (primary sources) که شامل اسناد دست اول مانند مکاتبه ها، گزارش های خصوصی و رسمی داخلی، گزارش های سیاسی سفارت خانه های خارجی، آمارها، مصاحبه های اختصاصی که توسط خود پژوهش گران انجام گرفته، روزنامه های زمان مورد بررسی و امثال آن است.

۲) منابع جنبی (secondary sources) که مقاله ها، رساله ها و کتاب هایی را که دیگران دربارهٔ موضوع مورد بررسی نوشته اند، در بر می گیرد.

هدف طرح تاریخ شفاهی ایران، ایجاد یک منبع اصلی جدید برای تحقیق در تاریخ معاصر ایران از طریق ضبط خاطرات افراد بر روی نوار است. شک نیست که اگر پژوهش گر می توانست پرسش های خود را شخصاً با روایت کنندگان طرح تاریخ شفاهی ایران در میان گذارد، به بهترین نتیجه ممکن دست می یافت. زیرا علاوه بر این که پرسش های مورد نظر پژوهش گر طرح می شد و پاسخ ها روشنگری بیشتری

می داشت، همـچنین به وی امکان مـی داد تا نه فـقط از طریق گفته ها و «زبان قـال»، بلکه از طریق آنچه به آن زبان «حـال» مـی گـویند - مـاننـد لحن صـدا، نوع نگاه، حـرکـات دست و سر و صورت، سکوت ها، خنده ها و غـیره - که تنها در گفت و گوهای حـضـوری دست یافتنی است، پاسخ ها را دریابد و ارزیابی کند.

متأسفانه، نه تنها پژوهش گران امکان ندارند که شخصاً با همـهٔ کسانی کـه منبع اصلی شمرده می شوند، مصـاحبه کنند، بلکه بعضی از این منابع درگذشته اند. پس، به صلاح نزدیک تر آن بود که شخص دیگری (مثلاً مصاحبه گر طرح تاریخ شفاهی) پرسش های مـورد نظر پژوهش گـر را در اختیار مـی داشت و آنها را به جای او با شخصیت مورد نظر در میان می گذاشت و آن مصاحبه را بر نوار ویدیو (videotape) ضبط می کرد.

روشن است کـه مـا نـه بـه همـهٔ این پژوهش گران دسترسی داشتیم تا از پرسش هـای آنان با خبر شـویم - کـه اصولاً چنین امـری ناممکن است - و نه امکانات مـالی و فنی لازم برای ضبط مصاحبه ها بر روی نوار ویدیو را در اختیار داشتیم.

از این رو با توجـه بـه امکانات مـوجـود، بر آن شـدیم تا مصاحبه ها را در دو مرحله انجام دهیم. در مرحله اول از روایت کنندگان خواسـتیم تا به انتـخـاب و خـواست خـود، شرح حـال سیاسی خود را نقل کنند و ما آن را بر نوار صوتی ضبط کنیم - روشن است کـه با این کار فـایدهٔ بصـری از دست مـی رفت. در مـرحله دوم، بر اساس و با توجـه به گفته های روایت گران، پرسش های عام تری را که به گمان ما می توانست مورد علاقه

بسیاری از پژوهش گران، در حال و آینده، قرار گیرد، در میان نهیم.

گوش دادن به اصل نوار به پژوهش گران کمك می کند که علاوه بر شنیدن سخنان روایت گر، به ویژگی های شخصیتی و فردی او نیز پی ببرند و با توجه به لحن صدا، سکوت ها، مکث ها، گریه، خنده، «اشتباهات لپی»[۹۱] (Freudian slip)، تکرار بعضی کلمات یا تأکید بر کلمات دیگر، به نکات ناگفته دیگری نیز دست یابند.

تجربه مراکز تاریخ شفاهی مانند کتابخانه های کندی و جانسون نشان داده است که اصولاً شمار اندکی از پژوهش گران وقت آن دارند که به نوار گوش دهند. پس، برای دسترس پذیری و سودمندی بیشتر، مناسب دیدیم که متن نوارها را بر کاغذ پیاده کنیم و برای رعایت بیشترین میزان شباهتِ متن نوشته به نوار ضبط شده، کوشیدیم سخنان روایت کننده را عیناً و بی کم و کاست بر کاغذ منتقل کنیم. حتی مکث ها، تکرارها، خنده ها، گریه ها و سرفه های روایت کنندگان در متن خاطرات منعکس گردید. نوارها و متن های ماشین شده از روی نوارها برای استفادهٔ پژوهش گران و علاقه مندان در کتابخانه های دانشگاه هاروارد و آکسفورد نگه داری می شود.

برای دسترس پذیری بیشتر، از یك سو میکروفیش این مجموعه در اختیار تعدادی از مراکز علمی دنیا قرار گرفت - که اسامی آنها در پیوست شمارهٔ ۳ آمده است - و از سوی دیگر،

---

[۹۱] اشتباه می تواند گویای عدم اطلاع، عدم دقت، یا کبر سن نیز باشد.

دانشگاه هاروارد بر آن شد تا این متن ها را چاپ و منتشر سازد. در این جا به دو راهی تازه ای رسیدیم: آیا متن های ماشین شده را عیناً و بدون حك و اصلاح چاپ کنیم؟ - که در این صورت، تنها به کار پژوهش گران خواهد آمد. چرا که خواندن خاطرات ناویراسته و دست نخورده با انبوهی از مطالب گنگ و کلمات اضافی و تکراری، برای خوانندگان عادی کاری دشوار و نا خوشایند است - و یا آن که متن های پیاده شده را بازنویسی و ویرایش کنیم تا خواندن آن روان و مطبوع گردد؟ -که در این حالت اصالت منابع از دست می رفت. چرا که سلیقه و کلام و تعبیرها و ارزشهای ویراستار بر آن تحمیل می گردید و خوانندگان دیگر نمی توانستند نسبت به میزان تسلط روایت کننده به زبان فارسی و حافظه او قضاوت کنند.

با توجه به جوانب فوق، تصمیم گرفته شد این خاطرات در درجه اول برای استفادهٔ پژوهش گران منتشر شود. در عین حال قرار شد کوشش کنیم این خاطرات حتی الامکان برای خوانندگان غیر متخصص هم قابل استفاده گردد - بدون این که اصالت خود را از دست بدهد. به این منظور برای روشن شدن مطلب، پانویس هایی به آن اضافه گردید و در برخی موارد بعضی از کلمات جا به جا شده و برخی از جملات تکمیل شده است. البته نهایت کوشش به کار رفته است تا این اصلاحات معنی جملات را تغییر ندهد و هیچ مطلبی به اظهارات روایت کننده اضافه نشود و هیچ مطلبی هم کم نگردد.

روشن است کسانی که علاقه مندند اظهارات روایت کننده

را عیناً بشنوند یا بخوانند، می توانند به کتابخانه هایی که مجموعهٔ تاریخ شفاهی ایران در آنها موجود است مراجعه کنند.

## روش ضبط نام روایت کنندگان

در مورد کسانی که چند مقام داشته اند، مقام بالاتر را آورده ایم. در مورد کسانی که عضو سازمان های سیاسی هم بوده اند، مقام دولتی و سازمان سیاسی، هر دو، ذکر شده است. در مورد نام زنان شوهردار، نام خانوادگی شوهر پس از نام خانوادگی پدری و درون پرانتز قرار گرفته است، مگر این که روایت گر ترتیب دیگری را خواسته باشد. همچنین از ذکر درجات تحصیلی چون دکتر و مهندس خودداری کرده و تنها در مورد پزشکان کلمه دکتر را به کار برده ایم. القاب نظامی و روحانی نیز حفظ شده اند.

## انتشار شماری از خاطرات از طریق اینترنت

دانشگاه هاروارد اخیراً تعدادی از «خاطرات» مجموعهٔ تاریخ شفاهی ایران را از طریق اینترنت منتشر کرده است. و قصد دارد به تدریج تعداد بیشتری از آنها را بر صفحه اینترنت قرار دهد.

برای سهولت استفاده از این مجموعه، دو فهرست نیز به آن اضافه شده است: فهرست موضوعی و فهرستی که بر اساس نام روایت کنندگان تنظیم شده است.

برای دسترسی به منابع طرح تاریخ شفاهی ایران بر روی اینترنت، علاقه مندان می توانند به نشانی اینترنتی زیر مراجعه کنند:

http://www.fas.harvard.edu/~mideast/iohp/index.html

**پیوست شمارۀ ۳**
**فهرست روایت‌کنندگان**

**الف**

آبادیان، بهمن: رئیس دفتر اقتصادی سازمان برنامه

ابتهاج، ابوالحسن: رئیس سازمان برنامه[۹۲]

آتابای، بدری: نگاه کنید به کامروز (آتابای)، بدری

آدمیت، تهمورس: سفیر ایران در مسکو

آذر، مهدی (دکتر): وزیر فرهنگ کابینهٔ مصدق و از رهبران جبهه ملی ایران

آزموده، حسین (سپهبد): دادستان ارتش در محاکمه مصدق

آشتیانی‌زاده، محمد رضا: نمایندهٔ دورهٔ پانزدهم و شانزدهم مجلس شورای ملی

اصفهانی، موسی: نوهٔ آیت الله سید ابوالحسن اصفهانی، نمایندهٔ دورهٔ بیستم مجلس شورای ملی و استاد دانشگاه بغداد

افشار قاسملو، امیر خسرو: وزیر امور خارجه

آقایان، شاهین: وکیل دادگستری

آقایان، فلیکس: نمایندهٔ ارامنه در دورهٔ نوزدهم تا بیست و یکم مجلس شورای ملی و نمایندهٔ دورهٔ پنجم و ششم مجلس سنا

اقبال، خسرو: وکیل دادگستری

---

[۹۲] نگاه کنید به: ابوالحسن ابتهاج، خاطرات ابوالحسن ابتهاج (لندن: ابوالحسن ابتهاج، ۱۳۷۰). قسمت عمدهٔ این کتاب بر اساس خاطرات ایشان که توسط طرح تاریخ شفاهی ایران ضبط گردیده بود نوشته شده است.

الموتی، مصطفی: روزنامه نگار و نمایندهٔ دورهٔ بیستم تا بیست و چهارم مجلس شورای ملی

امیرتیمورکلالی (سردار نصرت)، محمد ابراهیم: رئیس ایل، وزیر کار و کشور کابینهٔ مصدق

امیرعزیزی، صادق (سپهبد): وزیر کشور

امیرکیوان، امیر: نمایندهٔ کارگران و نمایندهٔ دورهٔ بیستم مجلس شورای ملی

امینی، علی: نخست وزیر

امینی، نصرت الله: شهردار تهران و وکیل مصدق

انشا (رضوی)، فرشته (دکتر): پزشک و خویشاوند امیر عباس هویدا، نخست وزیر

ایزدی، علی: رئیس دفتر شاهدخت اشرف پهلوی


ب

باهری، محمد: وزیر دادگستری و معاون وزارت دربار

بختیار، شاپور: نخست وزیر و رهبر نهضت مقاومت ملی ایران

برومند، عبدالرحمان: قائم مقام نهضت مقاومت ملی ایران

بقائی کرمانی، مظفر: رهبر حزب زحمتکشان و نمایندهٔ دورهٔ پانزدهم تا هفدهم مجلس شورای ملی

بنی احمد، احمد: نمایندهٔ دورهٔ بیست و چهارم مجلس شورای ملی

بنی صدر، ابوالحسن: رئیس جمهور، جمهوری اسلامی ایران

بهنیا، ابوالحسن: وزیر راه

پ

پاکدامن، ناصر: استاد دانشگاه تهران

پاکروان، فاطمه: همسر سرلشکر حسن پاکروان

پدرام، محمد: وزارت امور خارجه

پزشکپور، محسن: رهبر حزب پان ایرانیست، نمایندهٔ دورهٔ
بیست و دوم و بیست و چهارم مجلس شورای ملی

پژمان، عیسی (سرهنگ): مدیر کل سازمان اطلاعات و امنیت
کشور (ساواک)

پیراسته، مهدی: وزیر کشور

پیشداد، امیر (دکتر): جامعهٔ سوسیالیست های نهضت ملی

ج

جزایری، شمس الدین: وزیر فرهنگ

جفرودی، کاظم: نمایندهٔ دورهٔ پنجم مجلس سنا، از رهبران
نهضت مقاومت ملی ایران

جم، فریدون (ارتشبد): رئیس ستاد بزرگ ارتشتاران

ح

حائری یزدی، مهدی: فرزند آیت الله عبدالکریم حائری یزدی،
استاد دانشگاه تهران

حاج سید جوادی، علی اصغر: سر دبیر روزنامه اطلاعات،
نویسنده معترض

حارنی، دزموند: دیپلمات انگلیسی

حبیب الهی، کمال (دریاسالار): فرماندهٔ نیروی دریایی

خ

خانبابا تهرانی، مهدی: از رهبران کنفدراسیون دانشجویان و سازمان انقلابی حزب توده ایران

خانلری، مولود: از رهبران نهضت مقاومت ملی ایران

خردجو، ابوالقاسم: مدیر عامل بانك توسعه صنعتی و معدنی ایران

خسروانی، پرویز (سپهبد): فرماندهٔ ژاندارمری تهران، رئیس باشگاه تاج

خسروانی، عطأالله: وزیر کار و امور اجتماعی، دبیر کل حزب ایران نوین

خرسندی، هادی: طنز پرداز، ناشر نشریهٔ «اصغرآقا»

د

درخشش، محمد: وزیر فرهنگ

دفتری، محمد (سرلشکر): رئیس شهربانی (دوره های مصدق و زاهدی).

دولتشاهی، مهرانگیز: نمایندهٔ دورهٔ بیست و یکم تا بیست و سوم مجلس شورای ملی، سفیر ایران در دانمارك

ر

راك ول، استوارت (Stewart Rockwell): کاردار سفارت آمریکا در ایران

رامبد، هلاکو: نمایندهٔ دورهٔ نوزدهم تا بیست و چهارم مجلس شورای ملی و رئیس فراکسیون حزب مردم در مجلس

رامزباتوم، پیتر (Peter Ramsbotham): سفیر انگلیس در ایران
رایت، دنیس(Denis Wright) : سفیر انگلیس در ایران
رجایی خراسانی، سعید: سفیر جمهوری اسلامی ایران در سازمان ملل متحد
رجوی، مسعود: رهبر سازمان مجاهدین خلق ایران
رضوی، فرشته (دکتر): نگاه کنید به: انشا (رضوی)، فرشته
روحانی، پروین: همسر منصور روحانی، وزیر کشاورزی

ز
زاهدی، اردشیر: وزیر امور خارجه، سفیر ایران در آمریکا
زیرك زاده، احمد: نمایندهٔ دورهٔ هفدهم مجلس شورای ملی، از رهبران جبهه ملی ایران

س
ساعدی، غلامحسین (دکتر): روانپزشك، نویسندهٔ معترض
سلامتیان، احمد: معاون وزارت امور خارجه جمهوری اسلامی ایران، نمایندهٔ دورهٔ اول مجلس شورای اسلامی
سمیعی، محمد مهدی: رئیس بانك مرکزی، رئیس سازمان برنامه
سنجابی، کریم:[۹۳] وزیر فرهنگ کابینهٔ مصدق، رئیس هیئت اجرایی جبهه ملی ایران

---

[۹۳] نگاه کنید به: کریم سنجابی، *امیدها و ناامیدی ها: خاطرات دکتر کریم سنجابی* (لندن: جبهه ملیون، ۱۳۶۷). این کتاب بر اساس خاطرات ضبط شدهٔ طرح تاریخ شفاهی ایران منتشر شده است.

## ش

شــاکــری، خــســرو: نویسندهٔ معـتـرض، از رهبـران کنفدراسیون دانشجویان

شانه چی، محـمد: نهضت آزادی، رئیس دفتر آیت الله محمود طالقانی

شریف امامی، جعفر: نخست وزیر، رئیس مجلس سنا

## ض

ضرغامی، مهدی: رئیس دانشگاه صنعتی آریامهر

## ط

طوفانیان، حسن (ارتشبد): معاون وزارت جنگ

## ع

عالیخانی، علینقی: وزیر اقتصاد، رئیس دانشگاه تهران

عباس عطائی، [۹۴] رمزی (دریادار): فرماندهٔ نیروی دریایی

عدل (نفیسی)، عظمی: مدیر کل وزارت کار

عـضـد قـاجـار، ابونصـر: معـاون اتاق بازرگـانی، صنایـع و معادن ایران

علوی کیا، حسن (سرلشکر): قائم مقام سازمان اطلاعات و امنیت کشور (ساواک)

---

[۹۴] به گفتهٔ خود او، شکل صحیح نام خانوادگی وی « عباس عطائی » است.

ف

فــرای، ریچــارد (Richard Frye): اســتــاد ایران شناس دانشگاه هاروارد، رئیس مؤسسهٔ آسیایی دانشگاه پهلوی.

فرتاش، عباس (سرتیپ): افسر گارد شاهنشاهی

فردوست، طلا: همسر ارتشبد حسین فردوست

فرمانفرمائیان، خداداد: رئیس سازمان برنامه و بودجه

فروغی، محمود: سفیر ایران در آمریکا

فریور، غلامعلی: بنیان گذار حزب ایران، وزیر صنایع و معادن

فیروز، مظفر: وزیر کار و تبلیغات

فیروز، صفیه: نگاه کنید به: نمازی، (فیروز)، صفیه

ق

قاجار، حمید (سلطان): فرزند آخرین ولیعهد سلسله قاجار

قریب، هرمز: رئیس کل تشریفات دربار شاهنشاهی

قریشی، احمد: رئیس دانشگاه ملی

قشقایی، محمد ناصر: رئیس ایل قشقایی، نمایندهٔ دورهٔ اول مجلس سنا

ک

کاتوزیان، محمد علی همایون: استاد دانشگاه، نویسندهٔ معترض

کاشانی، کامران: استادیار مرکز مطالعات مدیریت ایران

کامروز (آتابای)، بدری: رئیس کتابخانه سلطنتی

کسرائی (نوذری)، مهری: همسر سیاوش کسرائی، شاعر

کشاورز، فریدون (دکتر): وزیر فرهنگ، از رهبران حزب توده

ایران

کلالی، منوچهر: دبیرکل حزب ایران نوین

کیا، حاجعلی (سپهبد): رئیس ادارهٔ دوم ستاد بزرگ ارتشتاران


ل

لاجوردی، قاسم: نمایندهٔ دورهٔ هفتم مجلس سنا، معاون اتاق
بازرگانی، صنایع و معادن ایران

لاجوردیان، اکبر: معاون اتاق بازرگانی، صنایع و معادن تهران

لاهیجی، عبدالکریم: وکیل دادگستری، رئیس جمعیت دفاع از
حقوق بشر در ایران

لباسچی، ابوالقاسم: نمایندهٔ بازار در جبهه ملی ایران

لنکرانی، مصطفی: حزب توده ایران


م

مبشری، اسدالله: وزیر دادگستری جمهوری اسلامی ایران

مبصر، محسن (سپهبد): رئیس شهربانی کل کشور

متین دفتری، هدایت الله: بنیان گذار جبهه دموکراتیک ملی
ایران

محفوظی، علیرضا: از رهبران سازمان چریکهای فدایی خلق
ایران

مصدق، غلامحسین (دکتر): پزشک، فرزند محمد مصدق

معتمدی، مهدی: خزانه دار اتاق بازرگانی، صنایع و معادن ایران

مقدم، غلامرضا: قائم مقام سازمان برنامه و بودجه

مقدم مراغه ای، رحمت الله: رهبر حزب رادیکال، نمایندهٔ مجلس

خبرگان جمهوری اسلامی ایران

محوی، ابوالفتح: مدیر واحدهای بازرگانی و صنعتی

مجتهدی، محمد علی: رئیس دبیرستان البرز

مجیدی، عبدالمجید: رئیس سازمان برنامه و بودجه

مدنی، احمد (دریادار): وزیر دفاع جمهوری اسلامی ایران

ملک، حسین: نویسنده، جامعه شناس

مهبد، احمد: مشاور محمد رضا شاه در امور نفتی

مهتدی، علی اکبر (سرهنگ): معاون نخست وزیر (رزم آرا)

مهدوی، ابراهیم: وزیر کشاورزی

مهدوی، فریدون: وزیر بازرگانی، قائم مقام دبیر کل حزب رستاخیز

مهر، فرهنگ: رئیس دانشگاه پهلوی شیراز

میدلتون، جورج (George Middleton): کاردار سفارت انگلیس در ایران

میرزازاده (م. آزرم)، نعمت الله: شاعر

میرفندرسکی، احمد: وزیر امور خارجه

میلر، ویلیام (William Miller): دیپلمات آمریکایی در ایران

مینا، پرویز: مدیر شرکت ملی نفت ایران

مین باشیان، فتح الله (ارتشبد): فرماندهٔ نیروی زمینی


ن

ناطق، هما: استاد دانشگاه تهران

نمازی (فیروز)، صفیه: از رهبران نهضت زنان (زمان رضا شاه)

نزیه، حسن: رئیس کانون وکلا، رئیس شرکت ملی نفت ایران (زمان جمهوری اسلامی ایران)

نفیسی، حبیب: معاون وزارت کار

نفیسی، عظمی: نگاه کنید به: عدل (نفیسی)، عظمی

نهاوندی، هوشنگ: رئیس دانشگاه تهران

ه

هاشمی، منوچهر (سرتیپ): رئیس ادارهٔ ضد اطلاعات سازمان اطلاعات و امنیت کشور (ساواک)

هاشمی نژاد، محسن (سپهبد): فرماندهٔ گارد شاهنشاهی

هزارخانی، منوچهر (دکتر): نویسنده، عضو شورای ملی مقاومت ایران

همایون، داریوش: روزنامه نگار، وزیر اطلاعات

همایونی، فضل الله (سرلشکر): فرماندهٔ ارتش در کردستان

ی

یگانه، محمد: رئیس بانک مرکزی، وزیر دارایی، امور اقتصادی

نام چند روایت کننده، که استفاده از خاطرات خود را برای مدتی ممنوع کرده اند، در این فهرست ذکر نشده است.

پیوست شمارهٔ ۴

کتابخانه‌هایی که مجموعهٔ

تاریخ شفاهی ایران را در اختیار دارند

کتابخانه‌هایی که دارای نوار و متن ماشین شده هستند:

| | |
|---|---|
| بوستن | Houghton Library<br>Harvard University<br>Cambridge, MA 02138 |
| آکسفورد | Department of Oriental Books<br>Bodleian Library<br>University of Oxford<br>Broad Street<br>Oxford OX1 3BG, England |

کتابخانه‌هایی که دارای میکروفیش مجموعه هستند:

| | |
|---|---|
| بوستن | Lamont Library<br>Harvard University<br>Cambridge, MA 02138 |
| شیکاگو | Middle East Department<br>Rengenstein Library<br>University of Chicago<br>1100 East 57th Street<br>Chicago, IL 60637 |
| واشنگتن | Middle East Section<br>Library of Congress<br>Washington, DC 20540 |

E. H. Bobst Library
New York University
70 Washington Square South
New York, NY 10012

نیویورک

University of California, San Diego
Central Library
La Jolla, California 92093-0175

کالیفرنیا

School of Orienal Studies
University of London
Russell Square
London, England

انگلیس

The John Rylands University Library
University of Manchester
Oxford Road
Manchester, England

Bibliothèque Nationale
2, rue Vivienne
75084 Paris Cedex 02, France

فرانسه

University of Bamberg
Postfach 1549
D-8600 Bamberg, Germany

آلمان

University of Tübingen
Wilhemstrasse 32 , Postfach 2620
D 7400 Tübingen 1, Germany

## فهرست راهنما

**م**